光尘
LUXOPUS

[英]兰·费雪 著
林俊宏 译

ROCK
PAPER
SCISSORS

博弈论与生活

GAME THEORY
IN EVERYDAY LIFE

中信出版集团|北京

图书在版编目（CIP）数据

博弈论与生活 /（英）兰·费雪著；林俊宏译 . --
北京：中信出版社 , 2021.5 (2021.9 重印)
书名原文：Rock，Paper，Scissors: Game Theory in Everyday Life
ISBN 978-7-5217-2658-9

Ⅰ . ①博… Ⅱ . ①兰… ②林… Ⅲ . ①博弈论－应用
－经济学－研究 Ⅳ . ① F224.32

中国版本图书馆 CIP 数据核字 (2021) 第 002603 号

ROCK, PAPER, SCISSORS by Len Fisher
Copyright © 2008 by Len Fisher
This edition arranged with The Buckman Agency through BIG APPLE AGENCY, LABUAN, MALAYSIA.
Simplified Chinese edition copyright © 2021 by Beijing Guangchen Culture Communication Co., Ltd.
本书简体中文版由北京光尘文化传播有限公司与中信出版集团联合出版

本书中文译稿由台湾远见天下文化有限公司授权使用

本书仅限中国大陆地区发行销售

博弈论与生活

著　者：[英]兰·费雪
译　者：林俊宏
出版发行：中信出版集团股份有限公司
　　　　　（北京市朝阳区惠新东街甲 4 号富盛大厦 2 座　邮编　100029）
承 印 者：天津丰富彩艺印刷有限公司

开　本：787mm×1230mm　1/32　印　张：7.75　字　数：136 千字
版　次：2021 年 5 月第 1 版　　　印　次：2021 年 9 月第 7 次印刷
书　号：ISBN 978-7-5217-2658-9
京权图字：01-2021-0825
定　价：49.80 元

版权所有·侵权必究
如有印刷、装订问题，本公司负责调换。
服务热线：400-600-8099
投稿邮箱：author@citicpub.com

目录

引　言　　博弈中的合作策略························· V

第 1 章　　**人人皆输的"囚徒困境"**················001

人们常常从自身利益出发，选择放弃最佳合作策略，从而陷入长远利益受损的局面。如何破除困境？这里有两项挑战：第一，达成合作协议；第二，让各方不变卦、不作弊。

第 2 章　　**公平分配的"我切你选"**················025

对公平的向往深植我们内心，同时公平也是促成并维持合作的重要工具。但面对任何一种有限的资源，在合作中如何公平分配，并确保结果不招致任何嫉妒和矛盾？"我切你选"也许能化解这一难题。

第 3 章　　**生活中的七大困境**……………051

我们面对的社会困境林林总总,博弈论针对生活中常见的、影响合作的困境给出了定义。本章将一一探讨造成这些陷阱的原理机制,以及它们在真实世界中造成的影响。

第 4 章　　**石头、剪刀、布**……………095

如果合作无法达成共识,不妨将一切交给命运,用猜拳来决定吧!

第 5 章　　**用沟通协商建立联盟**……………115

信息可能有误,想法可能会引起误解,合作时各方不对等的实力可能会引起冲突……如何跳脱出合作中的困境,我们可以借助沟通和协商,建立联盟关系,达成共同策略。

第 6 章　**有效的信任机制** ······················ 139

不论是在博弈论的社会困境还是在真实生活中，如果我们不能或不愿相信他人，就可能带来悲惨的结果，而如果彼此信任，就能克服众多困境。

第 7 章　**一报还一报** ······························ 175

我们的确常常能跨越不信任的障碍，找到方法赢得并维持信任，但如果希望合作长长久久，就需要制约策略。博弈论研究者将其总结为"一报还一报"，即依照对方的行动来回应，如果对方合作，我也合作；如果对方作弊，我就以不合作来报复。

第 8 章　**超越博弈** ······················· 207

如何改变博弈，才能提升合作概率？一种是引入新的参与者，从而带来一些特别而意想不到的结果。而另一种将在不久后成真，就是在协商时使用"量子计算机"，让双方能够先得知对方的想法，再决定自己的行动；如此一来，困境的核心问题也就不复存在。

后　记　**个人扭转全局的十大要诀** ············· 226

· 引言 ·

博弈中的合作策略

最近有位朋友告诉我,有一群科学家发表了一篇报告,研究办公室茶水间的茶匙是怎么不见的。他得意扬扬地大声宣告:"一切都是博弈论!"我再三感谢了他,然后将这个例子也加进我已然收集成堆的案例之中。

博弈论,又叫赛局理论,无所不在。虽然名称中用了"赛局"两字,但其实讲的并不是比赛,而是我们每日与人互动的策略。自从我宣布要写关于博弈论的书,就接到许多朋友的来信,分享他们从报纸上看到的例子和个人经验。我想看看,博弈论提出的新观点是否能让我们发展出新的合作策略，再亲自应用于日常生活的各种情境中，不管是传统的英式晚宴，还是激烈的棒球赛、拥挤的人行道、热闹的大卖场、人满为患的印度街道，甚至是澳大利亚的乡村酒吧里。

博弈论可以告诉我们，在家庭失和、邻里矛盾、劳动争议、名人离婚案例中，究竟为什么有这么多冲突、毁约、背信以及欺骗；博弈论也可以告诉我们，面对各种竞争和冲突，最佳的应对策略是什么。正因如此，自从20世纪40年代末博弈论诞生以来，大型企业和军方莫不深感兴趣；商人能据此赢过对手，西方世界的军事思维也因为博弈论的加持，进展到吓人的程度。博弈论专家常常能同时涉足商业和军事领域。举个例子：五位赢得诺贝尔经济学奖的博弈论研究者，都曾经在某个阶段获聘为美国国防部的顾问。

但博弈论还有另外一面，它探讨的不是冲突，而是合作；不是竞争，而是互助。生物学家利用博弈论来了解"适者生存"的自然界要如何演化出合作关系，而社会学家、心理学家、政治学家则用博弈论来了解合作时面临的问题，毕竟要解决全球变暖、资源耗竭、环境污染、恐怖主义、战争等问题，人类势必比以往更需要合作。所以，本书的目的就是了解博弈论是否能应用在日常情境，以及是否能延伸其中的经验去解决更大的问题。至少能找到一点线索，作为我们每个人努力的行动指南。

博弈论专家发现，所有相关问题其实有一个神秘的共通之处，也就是其中隐藏着一个合作障碍，如果我们不尽快想办法解决，就可能造成重大损失。这个障碍是一个进退两难的逻辑陷阱，不论是家庭争执、邻里矛盾、日常社交，还是全球议题，都存在这个陷阱，而且常常不为人知。甚至连办公室茶水间里的公用茶匙不翼而飞，起因也在于此。

对此有一个解释，即"公地悲剧"论。美国生态经济学家加勒特·哈丁在他于1968年发表的文章中提出了这个理论。其实早在亚里士多德时代，哲学家就已经在为这个问题烦恼了。

哈丁用一则寓言来阐述"公地悲剧"：有一群牧人，每个人都将自己的牲口赶到公共牧场上吃草。有一天，其中一个牧人想多养一只牲口，好增加一点收入，而且只不过多一只，对整片牧场只会增加一点点负担，看似十分合理。但等到所有牧人都这么想时，悲剧就发生了，每个人都多养了牲口，牧草不够吃，很快牲口便全部饿死了。

这群科学家将同样的理论套用到茶匙的问题上：用茶匙

的人认为（不论是否有意），如果拿走一只茶匙，自己的利益就能增加，而其他人的利益平均下来只会损失一点点（毕竟还剩下很多茶匙啊）。但如果这么想的人多了，茶匙这个公共物品就岌岌可危了。

如果把茶匙换成土地、石油、渔业、森林，或是任何其他公共资源，就能清楚地看出，许多现在十分严峻的全球问题，其实都起源于这种逻辑的恶性循环，获利的是某一个人或某群人，成本却要由所有人一同负担。

如果我们之间有人愿意为了共同利益合作，但又有某些人为了私利而破坏合作（在博弈论里称为"背叛"或是"作弊"），就可以看到"公地悲剧"造成的毁灭性结果。私利的维持无法长久，等到每个人都开始这么想，就会导致合作破局，生存环境每况愈下。人人都想谋得一己私利，最后反而人人都是输家。

如果我们愿意改变自己的行为，就是更有道德，更愿意为他人着想，就能避免"公地悲剧"。可惜这只是做梦，虽然偶尔做做这种梦也无可厚非，但毕竟我们都不是特雷莎修女，最好还是快快认清事实：我们总得有点好处，才愿意合作。不仅个人如此，国家亦然。2006年颇具影响力的《斯特恩报告》就已指出，各国一定要先看到在短期内就能直接获得的经济利益，才会愿意合作解决问题。

对于这种态度，博弈论不会下道德判断，而是接受事实，承认自私其实是我们的主要动机之一；博弈论评价各种不同策略，也是以是否符合自身利益为出发点。合作策略的矛盾在于，合作是为了将整体的饼做大，但每个参与者又希望自己分到的饼大一些，最后就会为贪婪所困，犹如卡在网里的龙虾。

批评贪婪其实无济于事，但如果人人（和各国）都只要拿到公平的一份就满足，也不失为好事一桩。更重要的是要先认识这个逻辑陷阱，才可能避开或脱离陷阱，进而达成合作。

在远古时代，这个陷阱便已存在，例子可见于《圣经》《古兰经》及许多古代典籍、史书、小说、歌剧等文学作品中，当然，在许多现代故事当中也不乏这类例子。但是，直到20世纪40年代晚期，数学家纳什（电影《美丽心灵》的主角，患有精神分裂症，1994年获诺贝尔经济学奖）利用博弈论剖析这个陷阱的内部机制时，我们才认清了它的本质。

这些内部机制正是本书阐述的重点。它们会造成许多社会困境。博弈论研究者给这些困境取了一些耐人寻味的名字，其一就是"公地悲剧"，著名的还有"囚徒困境"，可用美国的认罪协商制度来说明（请见第1章）；其他还包括："懦夫博弈"（古巴导弹危机时，美国总统肯尼迪和苏联领导人赫鲁晓夫因此差点造成世界毁灭）、"志愿者困境"（阿根廷火地岛当地所讲的亚根语中，有一个词可以表达这种两难困境，叫作"mamihlapinatapai"，意思是"双方互望，希望对方去做一件彼此都希望能完成但自己又不想做的事"），以及"两性战争"（例如，夫妻或情侣一起出门，但男生想看球赛，女生想听歌剧）。

在这些情境中，只要双方合作就能得到最佳结果，但纳什陷阱（也可被称为纳什均衡）却使我们随着自利的逻辑而陷入困境，其中至少有一方的情况可能会变得不利，但如果要逃离这个困境，情况反而会更糟（由此可见，这的确是个有效的陷阱）。如果我们想知道如何合作得更有效，就必须想办法避开陷阱或从中逃离。博弈论已经点出了这个问题，但是能够提供解决问题的线索吗？答案是肯定的。

有些线索在于研究合作发展的本质，有些则用于仔细审视那些我们传统上用以赢得并维持合作的策略。一些行之有效的合作策略包括"我切你选"、新的合作协商方式（甚至很漂亮地用上了量子力学）、刻意限制自己作弊或背叛的可能选项、改变奖励结构，以及除去破坏合作的诱因。

有些最重要的线索来自计算机模拟,是将不同的策略两两比较,看哪个能够胜出。初步的结果可见于罗伯特·阿克塞尔罗德于 1984 年出版的著作《合作的进化》。生物学家理查德·道金斯后来为该书写了序言:"我们应该先把世界上的领导人都关起来,读完这本书再放出来。"从过去二十年的历史来看,恐怕世界上没有几位领袖曾经用这种新颖又积极的方式来看待合作问题。

关键是"一报还一报"的策略(以及后续的做法),这种策略可能会造成冲突的扩大,但也可能带出"你帮我挠背,我也帮你挠一挠"的合作,这在自然界和人类社会中都可见到。究竟是冲突还是合作,难以断言,只要形势有些许改变,结果就可能全然改变,就像是经济大繁荣之后接着大萧条,动物族群扩张之后又会萎缩。数学家将这个关键点称为"分歧点"(bifurcation point),在这个点上所做的选择,会导致完全不同的结果。要想达成合作,就要找到策略,让选择的路径走向合作,而不是走向冲突。

近年来的研究已经提出一些有洞见的想法,或许可以达到这个目标。虽然博弈论并非灵丹妙药,但的确能够运用新的观点来审视合作的演进方式,并提出新的策略,或为老策略加些新风格。

在本书中，读者可以试着了解这些策略，并应用到日常生活中。我的目标是找出全套的合作策略，就像我在当科学家的日子里，曾经慢慢建立起一套完整的科学问题处理方法。科学家的生活虽然无趣，但进行关于合作的实验却很有意思。结果有时引人发笑，有时让人警惕，但总能让人加深了解，看清是什么促成人类合作，从而继续合作。

最后应该强调，我并非专业的博弈论专家，只是一个关心此事的人，一个关心此事的科学家，想试着解答一些最迫切的社会问题。博弈论可以从多数人不熟悉的角度切入，看看这些解答是否与真实的生活息息相关。希望读者也能与我一起享受这个过程。

本书架构

本书第 1 章介绍了纳什均衡的基本概念和著名的"囚徒困境"。囚徒困境会造成许多世上最严重的问题，包括公地悲剧。第 2 章介绍如何利用"我切你选"等策略，公平分配资源。这两章的结论是：如果希望合作长久，就不能只依赖外来的权威或自己对"公平"的认知，而要想想如何在我们的自身利益不受损的前提下，让合作自我规范、自动运作。

第 3 章是本书的重点，我以博弈论来审视究竟社会困境因何而生。接下来的几章则讨论合作策略，其中有童年"石头、剪刀、布"游戏的变形、新的合作协商方法、促成信任的方式、"一报还一报"策略的运用。我会解释自然界中产生这些策略的原因及过程，并研究人类社会如何运用这些策略来促进合作，而非引发对立。接着我还会探究如何改变博弈本身，以避免陷入社会困境（social dilemma）。解决方法可能是引入新的参与者，抑或通过量子力学来解决。

本书最后则是回顾所谈过的合作策略，并提出我个人认为最有效的十大策略。如果各位急于知道结果，不妨先看看这一章。

附带说明

随着研究的逐渐展开，我发现一件令人困扰的事：以下的几乎每一段论述都可以发展成一篇论文。但为了不让这本书厚得像《大英百科全书》，我尽量简化或省略了对许多复杂因素的讨论。如果本书能激起各位的兴趣，想更深入地研究，可去找任何一本博弈论教科书来看。其中主要有以下几点。

- **纳什陷阱**。博弈论专家可能不太欣赏我介绍纳什陷阱的方式，因为这会让人误以为纳什陷阱一定会导致不好的结果。但因为本书要讲的正是各种不好的结果，以及如何避免这些恶果，所以我并未改变介绍方式。然而要请各位读者了解的是，其实纳什陷阱可分为三种：轻度陷阱、中度陷阱和重度陷阱。轻度陷阱虽然也会迫使我们选择某些策略，但其实和我们为了实现共同利益而自愿采取的策略并无不同。本书只在第5章、第6章略微提及了轻度陷阱，大部分篇幅仍旧以中度及重度陷阱为重点。
- **N人情境**。合作可以发生在两人或两个群体间，也可以发生在多人或多个群体间。本书的范例多为前者，只偶尔提到较为复杂的案例。
- **完整信息和不完整信息**。博弈理论学家会区分信息是否完整。虽然我也可以那样做，但我并未如此。有时候我们对他人过去的行为知之甚详，但也有时候只能凭手上的信息做最佳的猜测。通常，只要看上下文，就能知道我书中的例子属于前者还是后者。

- **同步决策或逐序决策**。我们做决策的时候，有时完全不知道对方采取的策略，这也就是博弈论研究者所称的同步决策；有时候，我们可以等对方做出决定并采取行动后，再根据这些信息做决策，这被称为逐序决策。同样地，只要根据上下文判断，就能知道书中的例子属于哪种。

- **理性**。不论是否为博弈论研究者，都常讨论"理性"究竟为何物。那些导致公地悲剧和其他社会困境的逻辑，可能并非真正的理性。而且有时候，似乎我们能做的最理性判断，竟然就是不理性！相关的例子，在本书中会一一提及。

兰·费雪

于英国埃文河畔布拉德福德镇

以及澳大利亚布莱克希斯镇

2008 年 5 月

人人皆输的"囚徒困境"

第 1 章

人们常常从自身利益出发,选择放弃最佳合作策略,从而陷入长远利益受损的局面。如何破除困境?这里有两项挑战:第一,达成合作协议;第二,让各方不变卦、不作弊。

生活中处处充满着纳什所说的隐藏逻辑陷阱,将我们引入各种社会困境。"社会困境"这个听来乏味的词,是由博弈论理论学者所创,讲的就是类似"公地悲剧"这种情形。虽然大家都知道团结力量大,但又都挡不住自私的欲望,总想在合作的时候动点手脚,占点便宜。而等到每个人都动了点手脚,最后共同的下场就可能凄惨无比,就像普契尼歌剧《托斯卡》里的主角一样,陷进了今日博弈论学者所谓的"囚徒困境"。

剧中的女主角托斯卡遇到一个令她无比苦恼的问题:男朋友卡瓦拉多西被邪恶的警督斯卡皮亚定成死罪。她和斯卡皮亚独处一室时,斯卡皮亚表示,他可以大发慈悲,叫手下在行刑的时候改用空包弹,救卡瓦拉多西一命,但条件是她得提供些"特别的服务"。托斯卡该怎么办?

她瞄到桌上放着一把刀,想到了两全其美的办法:先答应斯卡皮亚的要求,等他吩咐完手下后,一靠近就把他刺死!但不幸的是,斯卡皮亚也想好了一个"两全其美"的办法:托斯卡答应之后,他并没有真的叫行刑队改用空包弹!结局就是斯卡皮亚被托斯卡一刀捅死,卡瓦拉多西被一枪毙命。等托斯卡发现这样的结局,也从城堡上一跃而下,结束了自己的生命。如同其他歌剧中常见的情节,最后人人都是输家。

在现实生活中出现的囚徒困境,常常也都是人人皆输的局面。

20世纪50年代早期,普林斯顿大学的数学教授阿尔伯特·塔克就用了这么一个故事,向一群心理学者解释这个问题。

这个故事的版本众说纷纭,其中一个版本是讲警察逮捕了两个小偷(姑且借用"水门事件"的两名共犯名字,称他们为伯纳德和弗兰克),但检察官手上的证据只能证明他们非法持有及藏匿枪械,判处两年徒刑,而无法证明他们结伙抢劫,判处十年的重刑。这种情况下,如果两人都辩称无罪,就只能各判两年徒刑,但检察官想出一个妙法,让他们俯首认罪。

检察官先到伯纳德的羁押房，表示如果弗兰克认罪，而他不认罪，弗兰克能得到减刑，只判 4 年刑期，但他会被判最高刑期 10 年。这样一来，如果他相信弗兰克会认罪，自己最好也认罪，判 4 年总比 10 年来得好。检察官又说："但我可以开个条件，如果你认罪，而弗兰克不认罪，你就可以因为这个不利于共犯的证词无罪释放！"

这样看来，不论弗兰克做何决定，似乎认罪都是伯纳德最好的选择，这逻辑看来可真是完美无比。但问题就在于，检察官后来也去拜访了弗兰克，提出同样的建议，而弗兰克也得到同样的结论。最后两人都认罪，也都被判 4 年徒刑；而相较之下，如果两人死不认罪，其实都只会被判两年。

如果你觉得这个故事特别像美国的认罪协商制度，还真是一点都没错！也正因为如此，许多国家认为认罪协商根本不合理。故事点出的这种逻辑悖论，在我们生活中影响深远，从结婚到战争，无所不在，甚至还成为社会学的基本问题。因为，虽然我们总试着要团结合作，过和谐的生活，但又会被这种逻辑悖论影响而起争执。

我和弟弟就深受其害。我们偷吃妈妈做的蛋糕，大快朵颐了一番。原本神不知鬼不觉，只要我们保密，把错都推给我家小狗就成了。但我想，出卖弟弟让他顶罪应该比较安全，偏偏他也这么想。这下两个人都被禁足，肚子胀得难受，屁股还疼得要命。

在我即将20岁时，我们又被"囚徒困境"这可恶的逻辑悖论摆了一道。我们喜欢上同一个女生，她全家刚搬到我家附近，和我们去同一个教堂做礼拜。这个美女让附近的少男眼睛一亮，追求者远远不止我们两个。弟弟和我都急着出卖对方丢人的小秘密，好在她心中抢得一席之地，最终却落得两败俱伤，只能看着她没多久就和别的男生出门约会去了。

囚徒困境其实无所不在。另一个明显的例子就是英国在2002—2003年暴发口蹄疫之后，许多乳牛遭捕杀，而超市营业者则趁机联合哄抬乳品价格。

当时四大连锁超市调涨了鲜乳、奶油和起司的价格，表示它们要付给酪农更高的价钱，以免酪农活不下去。但其实根本不是这么回事，至少其中两家都只是把价差拿来中饱私囊。公平交易委员会调查后，指控这两家超市勾结牟利。这两家起初也认了罪，但在认罪后，又把另外两家原本否认联合操纵价格的超市给供了出来。如果另外两家最后被定罪，罚款金额将颇为可观，相较之下，认罪的两家靠着出卖他人，付的罚款就低多了。

还有一个例子是关于死海古卷，这些古本出土于死海西北岸的库姆兰（Qumran）。首批古卷是一群当地的贝都因（Bedouin）牧羊人在洞穴遗迹中发现的，而且考古学者愿意出高价向他们购买，从此之后牧羊人开始积极寻找古卷，又找到一些残片。但他们也发现，哪怕只是一小片，考古学者还是愿意付钱买，于是牧羊人开始把找到的古卷撕碎，再一片一片拿去卖。

考古学者如果只对大片完整的古卷付出高价，就能避免这种情形，否则，牧羊人当然会把古卷撕成小片。双方都陷入了囚徒困境，而遭殃的是珍贵的文物。

囚徒困境点出了一个逻辑上的难题，这个难题也正是世界上许多重大问题的核心。例如20世纪50年代开始的军备竞赛，对所有人都有利的方式，就是合作禁核，把钱省下来用于其他建设；然而，如果其他国家都还在不断发展核武，而你的国家单方面销毁核武器，恐怕并非明智之举。

近年来在对抗全球变暖的努力上，也受限于同样的逻辑悖论。许多国家都想，如果其他国家的污染没改善，我又为什么要自己先限制碳排放量呢？

长期而言，这种问题无法得到真正的解决。走入囚徒困境，顶多也只能带来短期的效益，真正的改进之道，在于了解我们自己。因此，我从科学研究中腾出一些时间来研究哲学，希望能找到答案。但到头来又回到了科学：在伦理学的领域中，讲的是遵守原则，好创造一个稳定而公正的社会，但总是出现诸如囚徒困境等种种社会困境，而困境的根源正在于逻辑和数学。我自己很喜欢一头栽进数学和形式逻辑里，但是，如果一般人只是想知道这些问题究竟从何而来，又有何影响，倒是犯不着涉足这两个领域。

对于社会困境的了解，在1949年有了相当大的突破：纳什发现，其实各种困境都来自同样的基本逻辑陷阱。现在大家讲到纳什，想到的多半是电影《美丽心灵》中那位不太正常的主角，但其实电影几乎只沉浸于他的精神疾病，对于他荣获诺贝尔奖的发现却是轻描淡写，也没说明这项重大的发现如何让我们更了解关于合作的问题，以及如何解决这些问题。

纳什年仅21岁时就提出了这项重大发现，当时他尚未罹患纠缠他大半辈子的精神分裂症。某次访谈中，他甚至还能拿自己的精神疾病开玩笑，他说："整体而言，数学家的精神还算正常，学逻辑的人脑袋才有问题。"他在1948年到普林斯顿大学攻读数学硕士学位,申请时的教授推荐函言简意赅,只有一句:"这个人是天才。"

短短18个月内,他便证明了自己确实是个天才。他先是用当时刚发明的博弈论发现了这个逻辑陷阱,也就是现在所称的"纳什均衡",接着又证明了他惊人的论点(命题):在任何竞争或冲突中,如果各方不愿或无法沟通,就至少会有一个纳什陷阱等着请君入瓮。

纳什均衡背后的观点看来似乎相当简单(参见方框1.1)。在纳什均衡的情形下,双方均已选定一种策略,任意一方独自改变策略,就会使情形恶化。就像在狭窄的通道上,两个人必须各靠一边,才能勉强错身而过,而这就是纳什均衡。任何一个人改变心意闪向另一边,两个人就会迎面相遇,然后就像非常有默契地跳起了双人舞,一起向左、向右踏,却怎样都过不去,这种经历相信大多数人都有过。

纳什将这种状态称为"均衡",因为这是社会情境中的一个平衡点,其中任何一方独自偏离了这个平衡点,只会造成损失。在这里,"独自"是个关键词,只要我们独自行事,各自追求自身利益,就永远逃不出纳什均衡所设下的种种社会困境。

举例而言，如果两人在狭窄的人行道上碰面，各自又都不想走靠水沟的那一边，以免驶过的车把水溅到身上，这种情形下，必须有一人退让，否则他们就只能僵在那里动弹不得。

方框 1.1

纳什均衡与囚徒困境

博弈论研究者会这样描述纳什均衡："在各方都选择了同一种策略的情形下，没有一方能通过独自改变策略而获益。此时的策略搭配和后续结果，就构成纳什均衡。"博弈论研究者使用简明的图表来表达不同的选项和结果，就像是建筑师的蓝图，以确保一切尽在掌握之中。他们把各种可能性画成一张矩阵图，代表局中人受困的处境，就像1999年的科幻电影《黑客帝国》里所演的一样。这种方式的设计者是美籍匈牙利数学天才冯·诺依曼，他也是博弈论的发明者。

以下是伯纳德和弗兰克的囚徒困境，这两个矩阵图显示了各种选项会造成的刑期：

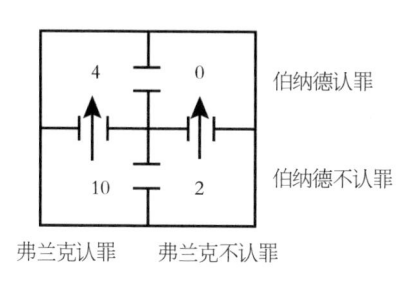

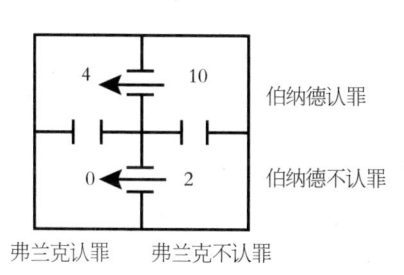

```
         4        0       伯纳德认罪
         ↑        ↑
        10        2       伯纳德不认罪

      弗兰克认罪   弗兰克不认罪
```

```
         4   ←   10       伯纳德认罪

         0   ←    2       伯纳德不认罪

      弗兰克认罪   弗兰克不认罪
```

在每个格子之间有小小的通道，箭头方向代表两人可以缩短刑期的选项。从图中可以清楚看出，不论一方选择为何，另一方合乎逻辑的选择只有认罪这一条路。博弈论研究者会说认罪是优势策略（dominant strategy），不论另一方怎么选择，都能得到最佳结果。

博弈论研究者将以上两图合二为一，所包含的信息完全相同，但如果没有解释，可能无法第一眼就看懂：

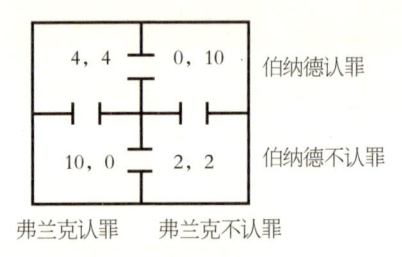

	弗兰克认罪	弗兰克不认罪
伯纳德认罪	4, 4	0, 10
伯纳德不认罪	10, 0	2, 2

这种图表能清楚看出结果的配对。格子中的数字，左边是伯纳德，右边是弗兰克。举例来说，你可以看出不会有（0, 0）这种选项，表明不会出现两个囚犯同时免于牢狱之灾；任何一个囚犯想免于牢狱之灾，唯一的可能就是对方被判10年，换言之，只会有（0, 10）或（10, 0）的搭配。

如果我们在各个格子中加上小通道，伯纳德只能上下移动，弗兰克只能左右移动（和先前的图表相同），并且也加上小箭头，就可以看出他们的困境何在。他们如果能采用合作策略（两人都不认罪），会形成（2，2）的选项，但只要其中有一人动了自私的念头，连锁反应就会无情地将他们带到（4，4）这一格，而且再也无法逃脱！（请注意这一格没有向外的箭头。）现在我添加了表情图案，来代表他们面对各种境况的心情：

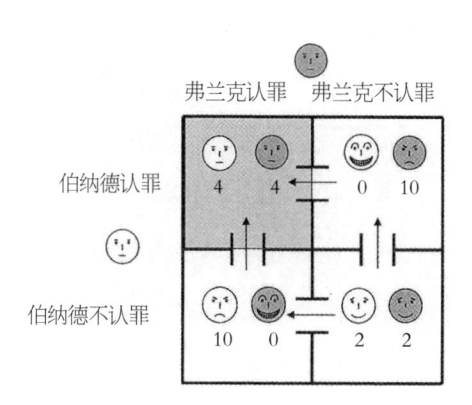

其中，（4，4）这一格就是纳什均衡（在此处和后续的图中，就用灰色网底表示），任何一方想独自逃脱，只会让自己的问题更大。例如，如果伯纳德选择不认罪，反

> 而会判刑 10 年，而不是 4 年，弗兰克的情形也相同。两人必须合作、协调，"同时"不认罪，才能实现（2，2）的最佳选项。

要解决这种处境，秘诀在于双方要设法协调行动，而且不能有一方改变心意。我有个朋友看过一个有趣的例子，当时他正在意大利的山路上开着车。有一段道路缩减到只剩一条车道，双向来车必须有默契地谦让才能轮流通行，但正好碰上两位互不相让的驾驶员，就这么卡在狭窄的路中间，彼此大按喇叭，想要对方后退。两个人坚持不退让，后方很快形成长长的车龙，喇叭声此起彼落，怒火交加。后来，警察花了三天才疏解了这场塞车问题。

这件事的症结在于双方都站在自己的立场思考，希望对自己最有利。我们也常常如此，并因此困在纳什陷阱之中，既像是托斯卡和斯卡皮亚，也像弗兰克和伯纳德。让纳什荣获诺贝尔奖的论文，可能是诺贝尔奖有史以来最短的一篇，在论文中他同时使用了符号逻辑和高等数学,证明在不合作的情境中,纳什陷阱无所不在!(所谓的"不合作"情境,就是双方不愿或无法互相沟通。)

在纳什发表这篇论文之前,在讨论合作为何失败、无法共谋利益时,通常都是从个人的心理学、道德观角度切入。虽然这两者也的确很重要,但纳什指出,这些问题的核心都深埋着一个逻辑问题,而且这常常才是主因。这个逻辑问题用我们的自身利益作饵,不断让我们放弃最适当的合作策略,而陷入长远利益受损的局面。

读报纸或八卦杂志时常能看到纳什所说的这种逻辑。夫妻大闹离婚,通常只要双方妥协,就能好好收场,但如果一方拒绝妥协,另一方的退让也就毫无意义。结果双方坐困纳什陷阱,不仅得付给律师大笔金钱,过程中还必须承受情绪上的压力。

在此必须强调,双方之所以困在这个矛盾的逻辑循环中,是因为他们不愿或不能通过沟通来采取合作的策略。

不幸的是,这件事说来轻松,做起来很难。常常双方同意沟通协调,达成协议后却有一方反悔。问题在于:如果合作达成的解决方案(协议)并非纳什均衡,其中一方改变心意，就的确可能得到更好的结果。一般而言，要达成合作有两项重大挑战：第一是找到方式达成协议，第二是找到方式让每个人不改变心意。后者必须完善到足以令双方相信对方会遵守，而且还能维持到结果正式出炉。

这本书就是要告诉各位如何寻找以上两项挑战的答案，答案既涉及个人层面，也涉及人类共同重大议题层面。我发现主要的解决方式有三种，每种方式都有来自不同族群、不同文化的拥护者。

- **改变态度：** 例如，如果我们都认为在合作中作弊是不道德的，就能避免许多社会困境。
- **诉诸善意的权威人士：** 由外部的权威人士来促成合作并守护公平。
- **能够自行运作的策略：** 开发出能够自行运作的策略，如此一来，只要合作一开始，就不会有作弊的机会。

下面我会一一审视这三种解决方式，而且我认为，只有第三种方式可以长久，而博弈论的新观点，可以协助我们在许多情况中运用这种策略。

改变态度

哲学家和精神领袖早已指出，贪婪，自私，害怕跟自己不同的人打交道，对不同的文化和信仰缺乏了解，都会阻碍合作。我曾和一位英国国教（圣公会）的主教讨论未来合作的问题，而且神奇的是地点在英国的乡间酒吧。我提出的问题是：人的态度究竟能不能改变？

当时正值地方庆典，我们旁边围着一群醉醺醺的酒客，等着瞧科学和宗教大战的好戏。但他们想必是失望了，因为我同意那位主教的看法，认为基督教伦理确实有助于解决合作的问题。我说："没人能反驳这些原则，只要人人（或者足够多的人）遵守，就一定能成功。但问题在于，如果人就是不接受这些关怀的原则和态度，又该如何？"

主教的回答是，人一定要接受这些原则和态度，才可能有和平与合作的未来。我说，我尊重他的答案，但至少还有另外两种方式也行得通（这时观众都竖起了耳朵），一种来自历史，一种来自科学。历史上的解答是诉诸强权、绝对优势以及分而治之的策略，建立起相对稳定的社会，并且能够长久维持，只是这种做法会牺牲个人的自由。至于博弈论提出的科学解答,则是至少在某些时候能产生成功的合作策略,而且犯不着使用上面的种种做法。

我又继续说道:"另外还有一个答案,就是我们也可以轻松等着进化来解决这个问题。像是蚂蚁、蜜蜂、黄蜂的基因都设定了让它们能够合作,只是损失了一些特殊性。或许人类最后也会进化出合作的基因,问题就解决了。"

主教露出了大大的微笑,看得出来他知道我只是说笑而已。我们两人都知道,不可能就只是轻松等着自然界来解决人类合作的问题,毕竟大自然的解决方式常常有些极端,比如造成重大改变甚至集体灭绝之类。然而,进化(或说是神圣的力量)已经让人类有了思考的能力,我们是否能用思考来解决这个难题?

诉诸善意的权威人士

至少从柏拉图时代哲学家就已经提出一个解决合作问题的方法,那就是诉诸善意的外部权威人士,确保一切公平公正。柏拉图自己的答案可能是里面最不实际的:由一群哲学家皇帝来管理一切（至于这群人的训练者，当然就是像柏拉图一样的哲学家）。

根据柏拉图的想法，哲学家皇帝是善意的管理者。虽然理论上如此，实际上也会困于囚徒困境。以《圣经》里记载的所罗门王为例，他是位聪明、智慧又充满善心的统治者，但他之所以能充满善心，是因为他掌握了全国大多数的财富。换言之，面对资源的争夺，他并未置身事外而维持中立、确保分配公平，反而是加入争夺而有了作弊的举动。

所罗门王每年光是黄金的收入就达到60万金衡盎司[1]，换算成今天的价值，合市价约4.8亿美元。加上其他的财富（包括盖那座著名圣殿所花的600亿美元），所罗门王可是与比尔·盖茨一个级别的有钱人！只不过一位是收税致富，一位是靠卖东西罢了。

所罗门王加入资源的争夺，于是也成了问题的一部分，这就是诉诸权威的一般问题所在。权威人士也有他们的考量，而且这些考量不一定永远符合公平合作的原则，只要这些考量发挥作用，权威人士就开始制造问题，而非解决问题。

---

1 金衡盎司是对金银等贵重金属的计量单位，1金衡盎司=31.1035克。

父母和教师（我们儿童时期面对的权威人士）也是如此。我父亲总认为自己公平公正，还引以为傲，其实他花在我身上的时间比我两个弟弟更多，只因为我学习成绩比较好。他自己的求学过程不顺利，他就以此来感受一下教育的好处。

我们就面对这个事实吧：所谓"善意的权威人士"大多只是一个迷思。每次听到校园霸凌，或是某个遥远国度的军权专政，或是无辜平民在内战中丧生的时候，我们总会希望能有个善意的权威人士处理一切。我们会想，当然该有人站出来，作为权威的独立仲裁者，阻止一切争端，像是教师、权威人士，甚至是联合国这种国际组织。但光从每天报纸上报道的事实来看，就知道权威人士需要权力；而一旦有了权力，就几乎无可避免地会谋求私利。不论权威人士如何以善意为诉求，善意永远不是他们最终考量的重点。

历史上，许多贵族统治者用权力来满足私欲。哲学家、政治理论家和政治行动派都曾试过用各种规范权力的方式来解决这个问题，其中常用的一种方式，就是将权力分散到社群中的一小群人手中，或者直接将权力分散至整个社群（这是民主社会和专制社会的共通点）。虽然理论上听起来是个好点子，但实际上问题仍然存在，只是形式有所不同。所以，民主国家的人也别太得意，虽然他们没有集权领导者，但是常常有多数欺压少数的情形。

少数人也可能拥有不成比例的权力，特别是在财富上就常有这种情形。虽然有人可能觉得民主制度中有民意代表，但许多针对投票制的分析指出，所谓的"平等代表权"，恐怕就像"善意的权威人士"一样，只是个迷思。选出的民意代表常常屈服于既得利益，收受贿赂也常有所闻。当然，司法系统是独立的权力机关，但法律也可能被权威人士操纵。套用狄更斯笔下人物班布尔先生的话来说，"如果法官只局限于法律的字面意义而脱离了常识的诠释，那根本就是蠢事一桩"。

很多日常情境里，法律其实并无用武之地。像是有人插队、超车，或是没把自己的工作做好，恐怕并没有告上法庭的必要。而像是严重的国际局势，法律大多也无置喙余地，虽然有时候可以维持不稳定的和平，但多半是全无效果，或是变成权力较大的一方的操弄工具。

那么，我们要如何执行合作协议？有没有其他方式？博弈论可以提供其他的出路。

能够自行运作的策略

博弈论的做法，是将纳什均衡作为一种能自行运作的机制，让合作期间没有作弊的动机。只要需要合作的情境的确属于纳什均衡（例如两个人在狭窄的人行道上相遇的例子），就能轻松做到，原因在于：纳什均衡的情境中，任意一方改变策略并没有任何好处。但如果需要合作的情境不属于纳什均衡，情况就较为困难，因为这就构成社会困境，任意一方都可能想小小作弊一下，打破协议，就能得到更多好处。但只要另一方也作弊，双方就都会落得两败俱伤的下场。在本书后续章节会讨论如何成功执行这种策略，包括日常生活、国家以及全球的层面。大多时候的方式是改变奖励结构，制造纳什均衡。一种大家都知道的常见方法就是带入社会常规、改变奖励结构，让不遵守的人遭到"无法得到认同"的处罚。

不受认同的感觉不一定要来自他人。我们从小受到的教育是，如果所作所为与所受的教育相违背，自己就会觉得丢脸，而且这种感觉可能强烈到让我们不再这么做。这股力量十分强大，因而顺从社会规范也是社会稳定的主要因素。就算没有人当面指责，自己也会隐隐感受到羞耻。

不幸的是，有时候光靠羞耻心并不够。我从小接受的教育就是要成为恪遵教义的卫理公会基督徒，居住的社区更是强烈反对饮酒和跳舞，但到了青春期，跳舞的禁令就被我打破了，发育中的性冲动无比强大，能和女孩跳舞足以让我忘记任何羞耻。而到了大学时期，酒禁也被我打破，我渴望和朋友一起畅饮啤酒，那种快乐能让我完全解放。

即使如此，社会常规还是有一定的力量。像是泰坦尼克号下沉的时候，大多数男性乘客还是能遵守让妇女和儿童先登上救生艇的常规；只不过，似乎有个男乘客变装混上了救生艇。这就是社会常规的问题：虽有一定力量，却非万无一失。当社会压力遇上自身利益，前者偶尔还是会败下阵来。

就算将社会规范制定为法律，可能还是无济于事。例如"开车要靠右"，在美国执行良好，形成合作的纳什均衡让人人得到安全，只要遵守就能避免严重伤亡。然而，在其他国家的情境就可能完全不同。

像是我有一次在印度搭车，在双向的公路上，抬头看到一辆满载蔬菜的货车摇摇晃晃冲着我们驶来，原来是货车司机懒得开到路口再掉头，而是直接从中央分隔岛的小缺口处往回拐。等到我惊魂稍定睁开眼睛，发现我的司机已经采取最佳的纳什均衡选项，与货车司机的策略取得协调——他把车直接开上了人行道，先让货车开过，再回到路面上。

这里的问题在于，货车司机心中合乎自身利益的理性选项，与我或我的司机的想法颇为不同。要将博弈论应用到日常生活，这是个主要问题：别人的理性和自己的理性可能是两回事。这个问题并非无法解决，但解决的方法可能有些微妙。

有一次，我在悉尼的一间酒吧里不小心把冰啤酒打翻了，泼在一个醉醺醺的男士腿上。他拿枪指着我，这可不能说是什么理性的状况。但任何一位当代的博弈论研究者一定会对我的反应大加赞赏：我一面溜到最近的桌子底下，一面朝着他那些还清醒的朋友大叫："抓住他的手！"希望能唤醒他们的理性并且达成协议。好险，幸好他们抓住了他的手。

虽然我们的反应有时并不理性，但仍然应该以理性为出发点，毕竟这正是使人类和其他物种不同的特质，而且只要我们愿意且能够沟通，理性通常也能让我们达成协议。社会规范和社交线索有助于维持协议，特别是如果双方都觉得协议公正，便能长久维持。然而，正如下一章要谈的，光是要达成协议就已经相当困难，即使我们使用的策略像"我切你选"一样简单明了，也还有许多因素需要考量。

公平分配的"我切你选"

第 2 章

对公平的向往深植我们内心，同时公平也是促成并维持合作的重要工具。但面对任何一种有限的资源，在合作中如何公平分配，并确保结果不招致任何嫉妒和矛盾？"我切你选"也许能化解这一难题。

我们在童年感受最强烈的需求之一就是公平,而到了成人,就成为我们的正义感。寻找促成并维持合作的工具时,我也是首先诉诸这种正义感。我认为,如果各方都觉得协议很公平,就不会轻易打破协议。

对"公平"的向往似乎深植在我们心中,而且可以追溯出很长的演化史。例如,就连猴子也分得出公不公平。全身褐色的僧帽猴,如果看到同类完成了相同的任务却拿了较多奖赏,会满腹牢骚、大发脾气。研究者发现,它们生气之后就不愿意再做同样的工作,甚至拿奖励的食物砸研究人员。想当初,我也曾经把最爱的水果塔丢向我妈妈,只是因为觉得我弟弟拿到的那块比我的大。

我母亲应该怎么做,才能确保我不会嫉妒弟弟拿到"大"

块的？答案很清楚，就是运用"我切你选"的策略，由一人来切，另一人来选（但是实际效果可能也有限，毕竟我那个时候才4岁，弟弟也才2岁）。然而，博弈论研究者已经指出，面对任何一种有限的资源，原则上这已经是最公平的分配方法，可以确保结果不会招致任何嫉妒之心。原因就在于，切的人会努力达到公平，而选的人已经有选择的权利了，所以没有了抱怨的理由。

我第一次体验到这种策略，是有一天我把一支"火箭冲天炮"射进了祖母的卧室里。还记得那天是在庆祝某个节日，我不小心把弟弟的一盒烟火踢进了我家的营火堆。射进卧室的是一支很大的"蓝色火箭"，足足比那些红色的贵上三倍！那盒烟火爆开的时候声音很大，肯定会吵醒当时正在睡梦中的祖母，只不过火箭在那之前就率先在空中划出一道金色弧线，冲过卧室大开的房门，钻进梳妆台底下，先是吱吱作响，接着很快就爆出一片闪亮耀眼的蓝白光芒。祖母下床逃跑的速度超快，一点也看不出来是七十好几的年纪。她站在房门口，挥着拐杖，嘴里喊着一些难懂的话。后来，真正触及我内心的不是那根拐杖，而是父亲说，要把我的那盒烟火分一半给弟弟。

我那个时候才7岁,虽然还没开始研究哲学,还是想出了自以为了不起的论点。我说这一点也不公平,踢到烟火不是我的错,而是弟弟不应该把烟火放在营火堆旁边。可惜父亲不吃这一套,我最后争取到的,只是由我亲自把我的烟火分成两堆,再让弟弟来挑。

我挑得可小心了,心里盘算不管弟弟挑哪一堆,我都绝不能吃亏,这是我的底线。如果谁吵着要更多,爸爸就会把所有的烟火拿给另一个人。回应爸爸的策略时,虽然我并不自觉,但还是用常理判断出要采用"我切你选"的策略,而这正是博弈论研究者会提出的建议。这里应用的准则,也就是所谓的"大中取小"(Minimax)原则。

"大中取小"的意思就是,你需要先衡量局势,考虑各种不同的选择造成的最大损失或最坏结果是什么,然后再决定如何让损失最小化(英文 minimax 里的 max 就代表 maximum,即可能的"最大"损失,而 mini 代表 minimize,意思是"减到最小")。如果当初亚当和夏娃在伊甸园里也采取了这个原则,就不会冒着损失整座伊甸园的风险,只为了尝尝苹果的滋味。我们给房子或车子投保,也是希望将可能的最大损失缩减到最小,就算损失保费,也总比碰上车祸或发生火灾的损失小得多。

"我切你选"之所以是个符合"大中取小"原则的做法，是因为切的人绝对会尽可能切得公平，好让可能的损失缩减到最小，而选的人也一定会依照相同的原则来选择自己的一份。

在这个混乱的世界上，这个策略颇为公平，因此成为分享资源的一大可用策略。常见的例子如离婚时如何分财产，目前常用的做法是估算所有资产的价值，再将总价值按比例平分。博弈论研究者也曾经指出，"我切你选"的策略也能考量到其他价值因素（像是对某些物品的感情），所以在分配的时候对各方都有利。

在某些国际协定中，也可见到"我切你选"策略的运用。以1994年通过的《联合国海洋法公约》为例，高度工业化的国家希望能取得部分国际海域的开采权，但同时又必须保护发展中国家的利益。因此，决议由想开采海底矿藏的国家将该海域分成两块，而由一个独立的机构代表未开发国家，从中选择一块，留待以后开采。

从理论上讲，这听起来很高明，也是对自私自利的发达国家的一个有力回击，但等到我实际试着应用这个策略时，却发现有三大难题。第一是不同的人常常有完全不同的价值观，虽然这本身并不是问题，但会使得价值的评估和比较十分困难。第二是实际执行的问题，特别是在涉及国家超过两个时，就更为复杂。第三也是最困难的，如果没有独立的权威阻止其中一方通过欺骗或霸凌来获得超过他们应得的份额时，如何让其他各方接受结果。

方框 2.1

"大中取小"原则

"大中取小"原则其实由来已久，有句老话叫"半条面包总比没有好"，就道出了这种想法。喜剧小说家兼桥牌高手 S.J. 西蒙曾在他的著作《为什么你赢不了桥牌》里提到，打桥牌的目标应该是追求"最佳的可行性"，而不是"最佳的可能性"。这种说法也完美点出了"大中取小"原则的精髓。

"大中取小"原则的应用,从冯·诺依曼对博弈论的先驱研究中可见一斑(他研究博弈论,是想赢扑克牌)。套用冯·诺依曼的话来说,扑克是一种"零和"游戏,有人赢钱,是因为有人输钱,所以最后所有人输赢加起来的总和会是零。虽然新闻标题爱用"零和"这个词,但在现实生活中,这种情形不太常见。然而,博弈论在发展初期,只能用来处理零和情境。冯·诺依曼和他的合著者、经济学家摩根斯坦分析了赢扑克牌的最佳策略,写出了史上最难懂的书之一——《博弈论与经济行为》,厚厚的一本书里,密密麻麻满是数学公式。

冯·诺依曼与摩根斯坦的结论是:"大中取小"原则永远可以得到最佳策略,而且人人满意!但前提必须是零和情形,输赢必须相等,但这并非现实生活的常态。例如,小偷打破车窗偷走你的音响,虽然他卖掉音响的确可以拿到一些钱,但与你的损失(还有保险公司的损失)相比,就是小巫见大巫。这里的所失与所得并不相等。又如,商业竞争,将同行斗到破产,也只能让赢家的利润稍微增加，整体来看绝对弊大于利。从离婚到内战，在冲突的情境中，人人都是输家。

但在这些情境中，"大中取小"原则仍然派得上用场，像是运用商业策略把破产的概率降到最低，也是好事一件，只不过，并不能永远保证得到最佳结果。比如赌博，如果风险低，就不妨加码；如果是有固定规则的博弈（例如扑克和棒球），"大中取小"原则保证能让你掌握最大机会。不过，如何才能真正掌握最佳的可行性，而不是苦苦追赶最佳的可能性？

冯·诺依曼提出的最佳选择，是采用混合策略，也就是结合各种行动和回应，让别人猜不透，从而把可能的最大损失降到最小。棒球投手凭直觉就会采用这种策略，在关键的半局，搭配运用快速球、滑球、曲球等球路，只是，比例该如何拿捏？虽然有各种排列组合，但冯·诺依曼却已证实最佳的策略只有一种。就投手而言，不一定是要随机平均使用各种球路，因为每位投手总有比较擅长的球路，譬如他的快速球就超越其他投手，能降低打击率。

然而，如果投手只投快速球，又太容易预测而被连轰，所以最好还是搭配一些别的球路。冯·诺依曼提出的数学理论可以让我们预测最佳组合，只是我到现在还没看到有一支球队很好地利用了这个理论。

有些人在观察运动赛事的时候，会去比较由数学理论和由直觉得到的结果，他们发现，由直觉产生的结果也符合"大中取小"原则。以足球为例，美国布朗大学的经济学家伊格纳西奥·帕兰乔斯-韦尔塔是个足球迷，他看了英国、西班牙、意大利等国家职业联赛中的上千次罚球，并依据罚球员和守门员零和博弈的情境加以分析。罚球员和守门员要各自决定该向哪边射门或扑球，而且两个人都有自己较擅长的方向，如果两人都不知道对方的决定为何，就应该选择自己较拿手的一边来劲射或扑接。

然而，不论是罚球或是守门，都不能永远只选择自己擅长的一边，以免对手从过往的赛事中找出规律并据以行动。套用博弈论的术语来说，双方都必须混用自己的各种策略，好让预期报酬最大（预期报酬对罚球员而言是指得

> 分的概率，对守门员而言是守下这一分的概率)。根据"大中取小"原则，球员只要采取混合策略，不论是选择向左边或向右边劲射或扑接，都可以让预期报酬(成功率)维持稳定；至于搭配的比例，则要视球员的强项而定。伊格纳西奥分析指出，几乎所有守门员及罚球员都是博弈论的代言人，依照适当的左右频率选择攻守策略。

各取所爱

我的第一个人类价值观实验完全是个意外，结果也全然出乎意料。在一场宴会上，装有小蛋糕的盘子在宾客间传来传去，传到我的时候，盘子上只剩两块。出于礼节，我将盘子递向一位女客人，请她和我分享这最后两块。她很快选择了其中较小的一块，把较大的留给了我。这完全不是博弈论预料的结果，如果根据博弈论，人类应该总是要追求最大自身利益才是。

虽然有的回应只是要先发制人,着眼的是预料会发生的行动,但在这个场合,这个回应再直接不过了:我递给她两块蛋糕,她的回应则是拿了块小的。这要怎么解释,才能说是比较符合她的利益呢?想知道答案只有一个办法,就是直接问她为什么挑了小的。她的答案引人深思,她说如果拿了大的,会觉得不好意思。大块蛋糕虽然会带来利益(满足口腹之欲),但比不过这个看来贪婪的举动所带来的羞愧感。

所以,博弈论的假设其实并没有错,只是要把所有的因素都列入考量。那位女客人的确选择了最符合自身利益的选项。博弈论研究者将这种总体的利益称为"效用"。

如果衡量效用的时候,可以像物理学家测量光速或像化学家测量溶液浓度一样精确,就可以为不同策略带来的回报计算出固定的价值,那么博弈论也就可以成为一门精确科学了。依目前的情形,博弈论研究者所能用的衡量方式虽然能协助做出比较,但可能还无法一窥全貌。

衡量方式之一,就是将每种利益定出金钱价值。这件事听起来难,但做起来还是挺容易的。像是街角的便利店,几乎每样东西都比几公里外的大卖场贵上几块钱,但多年下来,便利商店仍屹立不倒,因为当地居民就是希望能有那几分便利，特别是买小东西的时候。便利店和卖场的售价相比，其间的差价也就是那份"便利"的金钱价值。

很多时候，我们都可以把原本无法估量的利益转化成金钱价值（其实，这也正是现代经济学在做的）。我得承认，我的孩子还小的时候，我也是这样说服他们打扫房间的；毕竟，道德劝说效力有限，以身作则也不是每次都灵，说到底，贿赂还是最有效的方法。在打扫房间上，我付出的成本和我的收入相较，可以说是微不足道，但对小孩而言可说是大笔进账。我真正用钱换到的，是让小孩暂时放下玩乐，而他们愿意接受的价钱，则反映出他们心中对玩乐时间所定出的价值。

同样的道理也可以应用到其他较广的问题上。例如在英格兰，游客就爱那种田间树篱成排的乡间美景，而农夫却一心除篱而后快，好让田地广阔一些。解决之道为何？先调查一下，农夫要收多少钱才肯放过那些树篱，然后政府就用观光收入来补贴这笔费用。

再放到更大的层面。要是全球的自然栖息地都像巴西和印尼等地一样快速遭到破坏，很快我们就会面临生态浩劫。然而，您愿意付出多少钱（像是增税以支付援助海外的费用），好让巴西的农夫或伐木业者放过雨林，不把它们开垦成农地？

您又愿意付出多少，以阻止印尼雨林的砍伐？（印尼雨林是濒临绝种的红毛猩猩的栖息地，但目前正遭到大规模开发，栽植棕榈树，以便为西方市场提供便宜的棕榈油。）这些生产制造者，要多少钱才愿意停止行动？愿意支付和愿意接受的价钱，两者之间相差多远？

如果我们从这个角度来看问题，将这些难以估量的事物赋予金钱价值，大概就能掌握问题的规模，初步了解应如何解决。然而，困难之一在于规模可能改变。以我付钱让小孩打扫房间为例，一开始成效不差，但后来他们开始在做任何家务时都要钱，事情也就每况愈下，就像世界上很多地方贿赂官员成为生活的常态一般。我从这里学到，有些策略是要追求一次见效，但有些策略则要追求长效，比如应付重复性的问题。这在第 5 章会深入讨论。

贿赂听起来不是件好事，但博弈论研究者证明，贿赂是合作的一个重要组成部分，只是通常得换个不那么难听的名称，比如刺激、奖励、补偿给付（side payment，这也是正式的术语）。不管名称为何，都是指群体中的某些成员给予他人的一种报酬（可能是金钱、实物或是情感支持），以确保此人对群体的承诺不变。

这种看事情的方式听起来有点冷血，但的确能让人即使在最情绪化的情况下，也能清楚地看到事情背后的运作方式。例如当我第一段婚姻走到尽头时，一位咨询师要我们夫妻一起坐下，一一询问，另一半是否对这段婚姻的维系付出够多，是否愿意多付出一点来维系婚姻关系。

咨询师说的并不是钱，而是尊重、情感支持，以及各种构成美好婚姻的元素。这种做法，也让咨询师将人类的互动转换成一种博弈，有各种策略和结果、得到和失去、赢家和输家。这对于心理学家而言并不是新鲜事，也不会贬低人际关系的价值，只是用一种新的方式来看事情（而且常常很有用）。在这场人生的博弈里，博弈论研究者会用一种类似的人类行为模型来比较不同策略的结果，看看在各种情况下的最佳策略是什么；至少，他们会希望为策略排出先后次序（例如坏、好、更好、最好等）。然而，想用这种方法得到最大价值，就必须为结果加上量化的数值。

有些事情的确能定出实际的金钱价值，但常常并不那么容易。为了解决这个问题，博弈论研究者创造了一个长得很丑的英文单词：util（效用值）。如果有某个结果的效用无法用金钱价值来表达，就改用效用值来描述相对效用。虽然这听起来好像很没用，但其实在某些不宜或无法以金钱为单位的情况下，的确有利于比较。

根据对某个事物的喜好程度打分，其实就是在评定效用值。前面我所提的挑蛋糕的例子，只要我请那位女客人为她的选择打分，就能解释她为何会选小块的。我先请她给大小两块蛋糕评分，并假想她是在蛋糕店里，那两块蛋糕价钱相同，不太贵也不太便宜。结果，她给大块的5分，小块的给4分。

接着我再请她在同样的基础上，针对拿不同蛋糕的心里感受加以评分。她对拿小块的情形评了8分，而对拿大块的情形评了4分。

只要将这些分数视为效用值，就能够相加得出结果：拿小块的总分是12分，而拿大块的总分是9分，明显表示她会优先选择小块蛋糕。

我也曾在其他宴会场合，用各种蛋糕和饮料做相同的实验，结果大同小异，而且男女无别，两性似乎都觉得拿小块蛋糕的效用值较高。但偶尔也有例外，例如我年幼的弟弟眼睛眨都不眨就拿了最大的一块，脸上还露出微笑。他可不管我有什么感受，对他来说，蛋糕大小才是王道！

分蛋糕的难题

等到进一步探讨如何以公平、不引起嫉妒的方法来分配有限的资源时,我才发现,要给人类的感觉定出数值,只是第一个难题。第二个难题是找出可行的公式来执行分配。这也就是"分蛋糕的难题"(cake-cutting problem),到了20世纪,数学家才提出完整的答案。

但是,早在没有近代数学的年代,一群犹太拉比就曾经为一件类似的案例找出解决办法。那是一个一夫三妻的案例,记载在犹太法典《塔木德》中。

其实问题的重点不在于有三个妻子,而在于丈夫死了之后,三人要如何分配遗产。她们三个都和先生订有婚前协议,但内容各不相同。大房的协议明确她可以从遗产中分得100第纳尔(dinar,100第纳尔约合8500美元)。二房的律师让她可以得到200第纳尔。三房的律师最聪明,让她可以分到300第纳尔。

但如果先生的遗产不足600第纳尔,该怎么办?这就是犹太拉比的工作了,要想出一套简短的结论作为准则。究竟怎么分才能符合各份协议的精神？经过仔细思量，拉比想出三种建议，因应不同的遗产总值；其中两种用直觉便可理解，但第三种却让研究《塔木德》的学者伤透脑筋，直到最近才找到解答。

如果遗产总值为 300 第纳尔，拉比建议按比例分配（分别为 50、100、150 第纳尔）。如果遗产只值 100 第纳尔，拉比则认为直接平分较为公平。然而，现代学者直到 1985 年才弄懂了第三种分法的道理：拉比建议，如果遗产总值介于 100~300 第纳尔之间，例如 200 第纳尔，则分成 50、75、75 第纳尔三份。

在之前，这种分法看来毫无道理，许多学者干脆置若罔闻，有一位还说既然他看不懂，一定是翻译有问题。后来，博弈论研究者罗伯特·约翰·奥曼（诺贝尔奖得主）注意到这个问题，与经济学家迈克尔·马希勒合作，使用博弈论，证明这群拉比其实是找出了最佳、最公平的解决方式。

他们提出的论点既漂亮又简单。先考量这种情形：现在有一份资产，有一人声称拥有全部的所有权，另一人声称拥有一半所有权。要如何解决？答案是按 75∶25 的比例分成。

首先，因为第二人只声称拥有一半的所有权，所以第一人至少拥有一半，这点毋庸置疑（所以可以直接拿走）。接着，就是所有权有争议的另一半，而公平的分法是1∶1。奥曼和马希勒将这个分法称为"有争议部分的平分法"，而在一夫三妻的案例中，"三位债权人任取其中两位和她们拿到的总数，分法都符合有争议部分平分原则"。[1]

在我听来，日常生活中要分东西，都可以应用这项了不起的原则，不仅规则简单，而且感觉也十分公平。有一次我和朋友一起去看一个车库拍卖，发现有一屋子的旧书。我们两个没有争着要找出自己最想要的书，而是先合资，只要是我们其中有一人想要的，就全部买下来。然后，我们把书分成三堆：我想要而他不要的，他想要而我不要的，以及我们都想要的。接下来我们轮流从第三堆（有争议的部分）一人挑一本，直到平均分完为止。真是太简单、太令人满意了！

---

[1] 例如，三位太太分200第纳尔的方案是50、75、75第纳尔，如果我们看大房和二房，她们拿到的总数是125第纳尔，而把125第纳尔分成50、75第纳尔两份的分法，正符合"有争议部分平分原则"。理由是：首先，大房只声称可分到100第纳尔，所以25第纳尔可直接归给二房；剩下的有争议部分是100第纳尔，平分给两人，因此大房分到50第纳尔，而二房总共可分到75（25+50）第纳尔。其余两个情形（二房和三房、大房和三房）可以依此类推。

"有争议部分的平分法"也可以应用到全球议题。现在正有人严肃以对，认为这是处置领土争议最公平的方法。像是位于北冰洋的罗蒙诺索夫海岭（Lomonosov Ridge）的石油勘探权争议，只要先将没有争议的部分授权给各国，剩下的部分再平均分配即可。这些问题的确相当复杂，但是身为科学家，我总是希望能找到简单的解决方法，而且这的确行得通。

"我切你选"其实就是"有争议部分平分法"的简化版，道理在于消除不具争议的部分，接下来直接平分即可。然而，事情并没有到此结束，因为弟弟和我又发现，父亲连家务活也想如法炮制，他会把家务活一一列出来（倒垃圾、洗碗、擦地板），叫我们其中一个分成自己觉得公平的两份，而另一个再来选；为了确保我们不会有任何抱怨，连分的人和选的人都会每周轮流。

截至目前，这种分配方法似乎还算公平。但我们还有个弟弟，等到他大到足以分担家务活，就天下大乱了。我们三个人分配家务活，似乎怎么分都有问题，要实现公平分配，就不得不把某些工作切得更细，即便如此仍旧会有问题，麻烦似乎永无止境。

我们不知道的是，我们正在复制数学家之前为解决三人以上的分蛋糕问题提出的一些想法（以及遇到的困境）。其中一个难题是（即便只是切一个蛋糕）：一开始要分成三份，就已经多少有点大小不一，代表第一个人可以挑到最大块，而让另外两个人嫉妒。

面对这个问题，数学家最初想到的解决办法，过程相当复杂，要请第一个做选择（拿到最大一块）的人切下一片薄片，再继续分下去。但不幸的是，这种分法会永无止境，就像我们兄弟的情形一样。直到1995年，纽约大学的史蒂文·布拉姆斯与联合学院的艾伦·泰勒才想出了可行的方式，解决了这个难题。

虽然计算过程十分繁杂，但在计算机的协助下，布拉姆斯和泰勒设计出了能公平分配货品所有权的算法，并获得了专利。基本原理在于：对于同一项资产，不同的人可能会定出不同的价值，因此假设是两方要划分所有权，就可以动些手脚，让两方感觉起来似乎都拿到超过一半的所有权，达到双赢的局面（如果真有这种事），而且不管是什么情境都能够适用！

这种解决方式采用的是"调整赢家"（adjusted winner）的概念，可能的应用可参见他们的著作《双赢之道》。

其中一种用途，就是用来协调土地产权和类似的领土争议，现在已有相当进展，有越来越多公平公正的方法出炉。

另一种让人意想不到的应用则是投票。民主要能确定每个人都有公平而且相等的代表权，其实就是将切蛋糕的难题应用到数百万选民身上，让每个人的一票都是等值的。有意思的是，以布拉姆斯和泰勒的观点来看，现在的投票制都不具代表性。举例来看，同样是一票，在竞争激烈的选区会价值连城，但如果是在一面倒的选区，投给输家的一票就毫无价值，因为那位候选人肯定不会当选。

然而，布拉姆斯和泰勒的运算法的确为公平分配立下基准点。在现实生活里，我们能寄予希望的也就是让解决方法尽量靠近基准点。像是我父亲最后想出的方式：允许我们兄弟三人对三张家务清单各做一项改动，然后他把清单打乱，再随机分派。

这个办法之所以有用，是因为我们对各种家务没什么特别偏好（反正都一样糟）。但是随机分配并不总是最好的办法，这件事我曾经在分婚宴蛋糕上有过体验。

在朋友的婚宴上，典礼结束、致辞完毕，到了切蛋糕的时候，那是个很漂亮的巧克力蛋糕，上面有厚厚的奶油，而我也想看看，究竟谁会先拿大块的。然而，大多数人在乎的并不是能吃到多大，而是能吃到什么。有些人希望奶油越多越好，但也有人看到奶油就反胃，宁可蛋糕的比例大一点。如果真的把蛋糕分得"公平"，每份都是一块蛋糕盖着奶油，反而不见得真正满足众人的需求。

其他桌的宾客，会把没吃完的奶油或蛋糕留在盘边（婚宴结束后，我数了一下，留在盘边的奶油有31团、蛋糕17块）。而在我这一桌，因为先前已经有人开始和邻座的客人交换蛋糕或奶油，于是我建议，请大家先把奶油和蛋糕分开，把想和别人交换的都放在一个大盘子上，接着轮流传盘子，让大家选择要蛋糕还是奶油。就这么简单，人人都满意，而且超过一半的人认为最后他们吃到的比原先更好。

从我的实验可以发现，如果大家对于要分配的资源有不同偏好，最实际的做法，就是让要挑的人进一步细分。我有一位从事国际援助工作的朋友，他也告诉我，这正是某些村民分配援助物资的方法。

通常，刚开始分发物资的时候，情况较为混乱，有人拿到的都是毯子，有人拿到的都是食物，虽然可以私下交换，但很快就发现这样效率太低。更有效的办法是先把自己需要的留下，剩下的则集中，再轮流拿取需要的物资。北美洲西北部沿岸地区的原住民有一种"冬季赠礼节",也有类似重新分配财富的功能。其中很有趣的是,名望也可以算是分配的物品之一,因为拿最多出来分的人,就会得到最高的声望。

民主权利的公平分配并非总是易事。我这么说,是因为我曾经担任过一个澳大利亚政党的政策协调人,当时该政党刚成立,现在已经解散了。这个政党解散的原因之一,就是我们太想实现真正的民主;所有的政策决议都要经过讨论、决议,再经全体党员同意,花的时间长得没道理,行政负担重到没人性,而且最后常常政策不如预期,甚至自相矛盾。

为了让党员(和我自己)的日子好过一点,我决定做一项实验,使用"德尔菲法"(Delphi technique)来做决策。这种做法以博弈论为基础,而且原则非常简单:每个人都可以通过填写问卷来发表自己对政策的看法,接着再由一位独立的协助员(本例中再度由我担任,没办法,本党人力单薄)综合众人的论点和结论,最后将摘要反馈给所有党员。这时所有人可以参考他人的意见,修正自己的论点和结论,并再次投票。

这里是要让群众得到最佳的有效信息,据此共同得出最佳决策。商业界也用这种方式来做市场预测,一群同样专业或同样无知的观察者的平均意见,会比从其中任选一位的意见来得可靠。詹姆斯·索罗维基在其著作《群体的智慧》[1]中提到一个有趣的例子：电视节目《谁想成为百万富翁》让群体智慧和个人智慧对决，但每个星期，群体智慧都是赢家。

然而，我想用这套方法使政策决定过程民主一些，党员却完全不买账。原因不在于这套方法不公平，而是我没有先询问他们的意见！我就像在一条快沉的船上，陷入他们这种逻辑的旋涡之中，而我也采取了唯一可行的解决之道：跳船逃生。从此之后，我再也没有直接插手过此类政务。

与政治的短暂交会，其实是因为我对于世界未来的发展方向深感忧虑。我现在知道政治绝非我的强项，有个原因是我还依旧维持着从小培养的公平竞争和公平处事观念，而这和现实政治格格不入。然而，我并未忘记当初参与政治的初衷——推动并维持合作、正义、公平信念。

研究"我切你选"的策略之后，我发现虽然这的确是个有利于公平分配的策略，但常常需要由外部的权威来监督才能成功。在现实政治里，光靠公正公平，还不足以确保合作协议能自行运作。所以我还必须继续研究，找出能自行运作

---

[1] 本书简体中文版已于 2010 年由中信出版社出版——编者注

的策略。但在这之前,我决定先深入研究造成社会困境的逻辑是什么,以便了解是否能从逻辑本身找出答案。研究发现,日常生活中的社会困境不止一个,而是多达 7 个!

生活中的七大困境

第 3 章

我们面对的社会困境林林总总，博弈论针对生活中常见的、影响合作的困境给出了定义。本章将一一探讨造成这些陷阱的原理机制，以及它们在真实世界中造成的影响。

我们面对的社会困境林林总总，囚徒困境只是其中之一。博弈论研究者针对危害严重的七大困境，分别取了发人深省的名字。除了囚徒困境之外，其他六个如下。

- **公地悲剧**。群体中不同组的人之间不断上演囚徒困境的情形。
- **搭便车（是"公地悲剧"的变形）**。有人占用公共资源，却没有一点贡献。
- **懦夫博弈（也称"边缘政策"）**。双方都在测试对方的容忍限度，并希望对方先屈服。比如在路上有人硬是想塞进某条车道，但是双方谁都不让。
- **志愿者困境**。必须要有人为团体牺牲，否则就是满盘皆输,但每个人都希望别人去牺牲。情形可大可小,小事像是倒垃圾,大事则可能真的要牺牲自己的生命拯救他人。
- **两性战争**。两人有不同偏好,比如丈夫想去看球赛,太太却想去看电影。但重点在于双方都希望能有对方陪伴,而不是各自去做喜欢的事。
- **猎鹿问题**。只要团队中的成员合作,就很有可能在一场高风险、高回报的行动中制胜;但如果某个人不合作而脱离团队行事,则他一定能得到回报,只是回报会低一些。

在某种程度上,所有的困境道理都相同:虽然合作能带来最好的整体结果,但这个合作方案并非纳什均衡,而且至少有一个"不合作的纳什均衡"正等着让人误入歧途。本章将一一探讨这些陷阱道理何在,在真实的世界中造成何种影响,从第 4 章起,则会研究如何避免或逃离这些陷阱。[1]

---

[1] 为简单起见,我会假设:双方决定策略时,无法得知对方的决定。博弈论研究者称这种情境为"同时博弈"[simultaneous game,与"序贯博弈"(sequential game)相对],表示的方法类似第 1 章中囚徒困境的矩阵图解,但是图中的报酬、策略和结果组合则有所不同。虽然这些矩阵图解可以简单呈现发生的情形,而且也很方便参照,但并非重点所在,如果你不习惯看图,大可直接跳过。

我首先要提出来的,就是博弈论中最广泛也最复杂的问题。

公地悲剧

公地悲剧(见方框 3.1)牵连甚广。我打算写本书的时候,就开始从报纸上收集例子,研究室的地板上很快堆起一叠又一叠的剪报,其中的报道包括盗版 DVD,欺诈,俄罗斯电厂的铜被盗窃,过度捕捞,垃圾电子邮件,靠众多"卡奴"牺牲奉献换来的信用卡优惠方案,资源枯竭,污染,全球变暖,等等。这些都是公地悲剧,也可以说是多人的囚徒困境——虽然每个人只是拿了一个公司的茶匙,累积起来的效果就可能不堪设想。

2004 年东南亚海啸肆虐后,我和太太前往斯里兰卡,在那儿目睹了公地悲剧。当时外界资金涌入,协助灾民迁居或重建。但一位当地导游告诉我们,有些外地人竟偷偷搬了进来,想分一杯羹。可以说每个搬来的外地人都会侵蚀一点当地居民的利益,整体而言也就造成了公地悲剧;如果太多人采用相同策略，每人平均分到的钱就会减少，最后根本没人有足够经费盖起合适的房子或修建房屋。

互联网的例子可能不那么明显，但其实我们每次上网，都逃脱不了"公地悲剧"这双黑手。如果我们大量下载音乐、影片或游戏，结果就是每项下载都十分缓慢，更会拖慢电子邮件，让网络拥堵瘫痪，形成所谓的"网络风暴"，而我们只能坐在计算机前面气得猛敲键盘。下载的时候，我们可能并不感觉自己很自私，但每个人所做的其实就是想再多拿到一点公共资源，这也正是造成公地悲剧的主要原因。

其中，乱发垃圾邮件的人最讨厌，因为自己想多赚些钱，就浪费了许多人的时间。我每天早上打开收件箱，总会看到二三十封未读垃圾邮件，顿时火冒三丈。但其中有一封却让我印象深刻。这封可能发给了几百万人的垃圾邮件，正在推销一套屏蔽垃圾邮件的廉价软件！

其实，网络风暴和垃圾邮件只是小事，更严重的问题在于资源枯竭、全球变暖、恐怖主义以及战争，而以上种种困境都源自同样的逻辑问题：究竟是要和他人合作，还是要先顾自己？

方框 3.1

囚徒困境和公地悲剧

囚徒困境是只有单一纳什均衡的情形,而本章的其他困境都有至少两个纳什均衡。为方便了解和比较各种困境,我全部以正向的奖励来说明。例如第 1 章的囚徒困境,最高刑期是 10 年,而某个策略的奖励就在于能够减去几年的刑期。假如伯纳德和弗兰克都认罪就各服刑 4 年,他们得到的奖励就是比最差结果减刑 6 年。

把方框 1.1 里的矩阵稍微改一下(刑期改成减刑奖励),可得到下图:

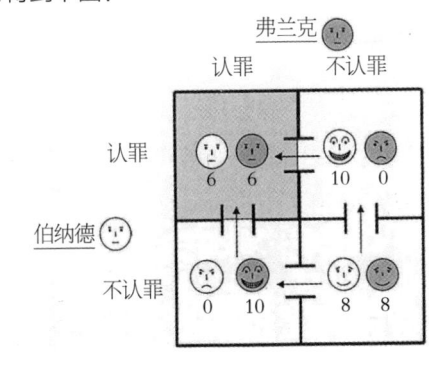

	弗兰克 认罪	弗兰克 不认罪
伯纳德 认罪	6 6	10 0
伯纳德 不认罪	0 10	8 8

灰色网底的方格代表纳什均衡，如果一方想独自寻求更好出路，就会受到另一方的阻挠。右下角代表两人合作，也是双方的最佳结果。但如果两人都自私自利，就会陷进左上角的纳什均衡里，动弹不得。

公地悲剧其实就是多人的囚徒困境。在这里的选择，一种是和团体合作，不要拿超出应得的部分；另一种则是作弊，取得超过应得的公共资源。依照团体成员的选择不同，结果也可能大不相同。

以澳大利亚农民为例，当地目前遭遇严重干旱，必须限制农业用水。如果人人遵守规定，就都能够获得较好的收成。只是每块田地的平均产量会下降，例如可能每英亩只能收获 5 吨作物，而不是平常的 10 吨。如果其中有少数人作弊，不管限水规定，这些人可能仍然能每英亩收获 10 吨作物。但如果大部分人都作弊，就会让水库见底，收成也大幅减产，可能每英亩只能收获 2 吨作物；这时可能会出现更严格的限令，而且遵守限令的人也可能只剩每英亩 1 吨的收成。

这里的结果，主要得看大多数的农民怎么约束自己。如果他们认为农民应该是合作的群体，就可能采取合作的策略，而如果他们认为农民是彼此竞争的个体，就会认为应该追求自己的最大利益，牺牲他人也在所不惜。如此一来，他们的关系如下图：

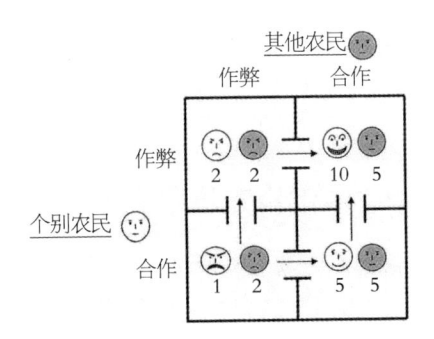

	其他农民	
	作弊	合作
个别农民 作弊	2 2	10 5
个别农民 合作	1 2	5 5

换句话说，如果农民将自己视为个体，优势策略就会是作弊，不管他人的策略为何。然而，如果人人都作弊（像在囚徒困境中一样），就会统统困在左上角，而无法抵达右下角。合作的关键在于找到适当的奖励（心理上或是实质上），让人成为群体中愿意合作而且忠诚的成员。我会在下面几章再细谈这项关键。

搭便车

"搭便车"的困境其实和公地悲剧十分类似,都是多人的囚徒困境。常见的例子有:在合租的地方留了一堆垃圾等着别人清除;看比赛或听户外音乐会的时候为了看清楚而站起来(不管会不会挡住后面的人);不想加入工会,却想得到工会的福利;信用卡欺诈行为(因为银行的损失会转嫁到诚实的消费者身上);盗窃;削减军备(大多数民众希望国家裁减军备,只有少数人希望维持而愿意投入资源,但是大多数民众希望能享受这些少数人所带来的军事保护)。

究竟应该合作,还是不顾他人、追求自身利益?这是我们处理共有资源时常常面临的问题。乍看起来,搭个便车并不会损害任何人的利益。我有个朋友曾经特地雇了辆垃圾车来清理自家的垃圾,结果街坊邻居人人都想顺便丢些东西,令她十分生气。可是邻居都说:"这有什么关系啊?反正车都叫了,让我们丢一点,又不用加钱。"

这种逻辑挺难反驳的,也根本无法反驳!因为这正是囚徒困境的逻辑。这不令人意外,因为"搭便车"问题的逻辑结构和公地悲剧相当类似(请见方框 3.2),也同样难以解决。

原因在于：对搭便车的人来说，不管用不用，资源都在你眼前了，所以"好好利用资源"就是个十分合理的选择。一开始是没错，但等到人人都这样做，情形就不同了。如果整条街的人都把垃圾丢进我朋友叫的垃圾车里，而她自己的却放不下了，那她一开始又何必叫这辆车呢？而如果她能预见这种情形，根本就不会叫车了！

方框 3.2

搭便车

"搭便车"问题会让公地悲剧产生意想不到的变形。假设要盖一座教堂尖塔，成本估计是 10 万美元，要请信徒每人捐出 100 美元。作为信徒，我可以质疑，盖了这座尖塔，为我带来的利益大约值多少钱？假设价值 200 美元，那么在哪些情况下我该捐款，在哪些情况下又该让别人去捐，而我坐享其成？从自我中心的观点来看，可以用下面这个简单的整体矩阵（数值代表的是利益减去成本）看清现况：

所有其他人（美元）

		超过1000人捐款（美元）	刚好999人捐款	不足999人捐款（美元）
我	捐款	100	100	-100
	不捐	200	0	0

这非常有意思！只有一种情况，我捐的 100 美元才会有意义，那就是这 100 美元会决定尖塔是否建成的时候。博弈论研究者称这种基准点为"有效合作下限"（minimally effective cooperation），而找出这些基准点，可能正是促成合作的关键。但很不幸的是，只要稍微超过这个门槛，就大可选择搭便车，靠别人出钱出力即可。原本搭便车也没什么了不起，但如果人人都面临同样的矩阵，人人又都只想当"我"，让别人去当"所有其他人"，那么问题就严重了。

在现实中，很难判断"有效合作下限"究竟在何处，因此，利益关联的矩阵常常看起来比较像这样：

所有其他人

		有足够的其他人采取行动	没有足够的其他人采取行动
我	行动	利益减成本	行动成本
	不行动	利益 （无须耗费成本）	无利益

从矩阵可以明显看出，对个人而言，"不行动"（也就是作弊）其实具有优势，除非个人认为自己是团体的一分子，结果才会有所不同。就像是延伸的公地悲剧情境，合作的关键就在于找出特定奖励，鼓励个人从心理上或实际上将自己看成团体的一分子。

准确地说，搭便车其实还是有一点成本的，虽然对社会来说，这点成本不算什么，但如果太多人想搭便车，这些看来没什么的成本就会聚沙成塔，使社会负担加重。仕办联就曾有过这种例子，莫斯科市民有免费供应的暖气，结果民众总是把暖气开到最强，只靠开关门窗来调节温度。

最近一次去匈牙利，让我看到一个搭便车行为的变形，相当有意思。当地很多人还住计划经济时期建造的公寓，隔间墙很薄。现在这些公寓成为他们的私有住宅，而住户也得自付电费和暖气费。然而，住在比较靠里面的住户，到了冬天就可以搭个便车：因为墙实在太薄，外面公寓的暖气很快就会传过来，里面的公寓可真是暖和惬意！他们所搭的"便车"，就是让外面的公寓在无意间也付了里面公寓的暖气费。

在政治学上，搭便车问题被称为"马里布冲浪者"（Malibu Surfer）问题，这是因为在美国加州的马里布海滩，有一群热爱冲浪的人，成天冲浪，靠社会福利过活，搭着社会的"便车"。有人会说，这些马里布冲浪者其实没消耗什么资源，相比之下，有钱人为了维持富裕的生活，对生态的影响更大，耗费资源更多。但反过来讲，虽然几个人在马里布乘风破浪是没什么大不了的，但如果几千个年轻人都模仿，社会成本很快就会飙升。社会虽然养得起几个搭便车的人，但多了还是不成。

并不是只有寻找刺激的年轻背包客才会搭便车。历史学者爱德华·吉朋在讲到他在牛津大学莫德林学院的导师时说，这些人"亲切而安逸，总是闲散地享受着创校者的礼物"，这可是为"搭便车"下了个完美的定义。

在澳大利亚，我们把这些人叫作 bludger（揩油的人）。我年轻的时候，澳大利亚工薪阶层就会用这个词称呼那些并未亲手劳动的人，像是转岗去坐办公室，就会被看成是在逃避苦差事。澳大利亚女诗人多罗西·休伊特就写过一句不朽的剧作台词："有油可揩，何必做工！"

我们身边可能永远摆脱不了偷奸耍滑的人，但主要的问题在于不能让人数超过控制。解决的方法之一，就是让搭便车的风险和代价都越来越高。

曾经有一位秘书就做得漂亮。她同时负责我和其他几位同事交代的工作，但有些人总到最后一刻才把事情丢给她。他们不事先规划时间，而是到最后才搭便车，把压力强加在她身上。她的回应是在桌上贴了一张字条："（你们）事先不规划，（在我看来）不是着急的借口。"因此，如果有一个人有急件，她可能会帮忙；但第二个人抱着急件出现，就免不了一顿训甚至被拒绝；要是再跑出第三个人说有急件，不管资历有多深，肯定会遭到冷漠回绝。她的策略相当有效，急件的数量也迅速减少。

另一种处理搭便车的方法，是改变奖励结构，从根本上消除搭便车的动机。我在澳大利亚曾和几位社区住户组成欢迎委员会，为社区里的新住户举办欢迎会，促进大家交流。而在我们几位委员会成员的新年聚会上，就用到了这种处理策略。我们的聚会地点是在一家中餐馆，席间忽然出现一位女士，说她很抱歉迟到了，接着就大刺刺坐了下来。我们事先并未告诉大家有这次聚会，但猜想她一定是新住户，可能从别人那里听到了消息，所以起先不觉得有什么不对劲。

直到她喝了几杯我们提供的香槟，自己又另外点餐大快朵颐，又坦然离开后，我们才发现她根本没付账！我们凑齐的钱刚好够付她的账，但没有余钱支付侍者应得的小费。结果是，我们虽然没付出额外代价（侍者倒是有所损失），但得到了一场人生的教训。我们商量了一下，讨论如果再碰到这种情形该怎么办。

两个月后，在一次定期的早餐咖啡聚会上，她居然又厚着脸皮出现了，这可是个把理论付诸实践的大好机会。喝完咖啡后，我们顺利溜走，留下她替我们所有人付账。此后，我们再也没看到她。

以上的例子可能看起来不是什么大事，但搭便车的行为不一定都是那么无关紧要，有时候也有可能造成严重后果。全球变暖就是一个例子：何不继续追求经济利益，让其他国家去承担减少碳排放的责任呢？如果多数国家都采用同样的逻辑，我们就都沉沦了（这里是隐喻的用法）——等到海平面上升，大家可能真的就沉在海底了。

现代社会中，搭便车的严重影响还有另一个例子：腐败。它甚至可能造成国家的动荡。这里的搭便车者，指的是收受贿款或回扣的官员，他们把维护法律的责任都丢给其他官员。一旦有太多人这么想，腐败便会泛滥到无法控制，他们应监督的社会服务制度也就崩溃了。可能也正因如此，彼得·乌斯蒂诺夫曾做出这样的评论："腐败是恢复我们对民主制度的信心的自然方式。"

懦夫博弈

有时候我们会发现一种情形：先动的就输了。对于这种情形，博弈论研究者命名的灵感来自电影《无因的反叛》（*Rebel without a Cause*），片中的主角吉米和巴兹玩了一种叫作"chickie run"的死亡飙车,两人分别驾着偷来的车,高速开向断崖,谁先跳车谁就输,会被叫成"chicken"(胆小鬼)。巴兹输了,想先跳车,但讽刺的是他的皮夹克卡在车门把上,于是与车子一同坠下山崖。

不愿意因为先采取行动而输,有时候反而会造成可笑的结果。海军中校亚加沃在军校结业典礼阅兵的情况,就是个绝佳的例子。他和来访的贵宾陆军上将,两人互相行礼后,都希望对方先把手放下来,结果僵在那里动弹不得,最后是等到有一人因为情况太滑稽而露出笑容,才结束了这个困境。

面对常常碰到的懦夫博弈,"笑"的确是个不错的解决方式。我曾经用笑容化解马路上的火爆场面。那是在澳大利亚的乡间路上,两车道并成一车道,另一个驾驶员和我都想抢先一步,结果差点撞上。我摇下车窗,用我纯正的英国绅士腔说道:"您先请。"还附送了一个笑容。他大吼着:"白痴啊!"然后扬长离去。但至少他就这样开走了,而我那些澳大利亚朋友在后座笑得合不拢嘴,差点把车顶给掀了。

以博弈论的术语来说(请见方框3.3),这里的问题在于有两个纳什均衡,获利的都是不退让的一方。两人在只允许一人通过的人行道上迎面相遇，其中一定得有一人避让，踏进排水沟，两人才能通过。如果双方都不愿意，结果可能就是大吵一架，甚至是大打一架。这种情形放大到国家层面，就可能爆发战争。

在政治博弈中，这种情形有时候讲得好听些，叫"边缘政策"。但不论名称是什么，双方都得面对这让人不悦的选项。只要有人退让，就会形成大大偏向另一方的纳什均衡；但若是无人退让，就可能造成毁灭性的结局。1962年的古巴导弹危机，就差点儿上演这种惨剧，赫鲁晓夫拒绝撤掉苏联部署在古巴的导弹，而肯尼迪也拒绝解除美国海军的封锁，两国都走到了核战边缘。

伯特兰·罗素在自己的著作《常识与核战争》中，有一个著名的比喻，将两位政治人物的行为比作青少年的互比胆量。

> 核局势陷入僵持，这两个政府便采用了杜勒斯先生（艾森豪威尔总统的国务卿）所称的"边缘政策"策略。有人告诉我，这种策略其实是出自一些年轻小混混的街头消遣，他们称之为"比谁是胆小鬼！"……如果只是一些不负责任的青少年在玩儿，其造成的后果还有限；

然而，如果是一些位高权重的政治人物在玩儿，后果则不堪设想。但他们却觉得自己真是有勇又有谋，都是另一方的政客罪该万死。没人承认是自己造成了这种极度危险的情境，双方都有责任。

方框 3.3

懦夫博弈

先回到一对一的情境，来讨论危险的懦夫博弈。这里不是要为奖励定出一个数值（这常常十分困难），而是要看看在"好""普通""坏""最坏"的种种结果中，可能得到的结果是什么。我们再以两个人在人行道上迎面走来为例，对任意一方而言，好的结果是另一方让路；普通的结果是两人互相让路；坏的结果是自己让路；最坏的结果则是两人都不愿意让路。结果形成的矩阵如下图：

> | | 不让路 | 让路 |
> |---|---|---|
> | 不让路 | 😠😠 | 🙂😟 |
> | 让路 | 😟🙂 | 🙂🙂 |

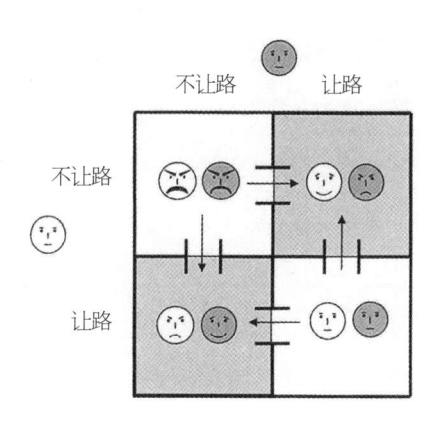

这里不需要用数值表示，只要看脸上的表情就够了。如同图中的箭头显示，有两种可能的纳什均衡，两种都会让其中一方满意，而另一方不满意。虽然两种情形都好过双方互不相让（这可以只是人行道上的情形，也可能是古巴导弹危机），但究竟该是谁让路？如果双方都让，当然最好，但这得靠一点协调。

请注意，鹰鸽博弈（Hawk-Dove Game）也会导致类似的策略及结果矩阵。这可能是我们会遭遇的最困难也最危险的情境，但有时候看起来完全无解。如果双方只

> 会碰上一次，可能还真的无解，但如果双方知道未来还有可能碰上一样的情形，鹰鸽博弈就会有出人意料的解决方案。事实上，解决合作问题的时候，"是否将会多次互动"会是另一个关键。

人类并不是唯一会玩这种游戏的生物，很多动物也都这么做。生物学家之所以会称这种做法为"鹰鸽博弈"，就是因为在争夺食物、空间、配偶或是其他资源时，大多数动物要么采取鹰派策略积极进攻，要么采取鸽派策略，先摆出进攻的样子，接着掉头逃跑。

在自然界，这两种策略分别对应着全力进攻和仪式性的虚张声势。当然，这是一个极为简略的讲法，但还是可以看出一些实质性的东西，特别是让我们知道哪种策略比较高明。答案是：都不高明！后来发现，要两者搭配，才能得到"进化稳定策略"（Evolutionarily Stable Strategy，从长远看效果最好的策略）。对于个别动物来说，也就是要偶尔来真的，偶尔装装样子；对于整个族群而言，就是有些成员负责来真的，有些负责装腔作势。

至于两者的比例，常常要看风险（在打斗中受伤）和奖励（赢得打斗）的比例。公海象之间的斗争大多会采取鹰派策略，愿意冒受重伤的风险，这是因为只有赢家才有交配的机会。牛蛙之间也会采取鹰派策略，理由是反正它们怎么斗也死不了。相较之下，弯角羚羊、鹿、响尾蛇等动物如果真打起来，死亡的风险相当高，因此他们便进化出仪式性的鸽派策略，做做样子就好。

然而，很多时候同一个族群里也会采取不同策略。像是蝎蛉，体型最大的雄性蝎蛉相当好斗，它们会杀死蚤斯作为礼物来取悦雌蝎蛉，交配成功的概率也最大。体型较小的雄性蝎蛉则只能用唾液作为礼物（还真难想到在人类世界有什么相似的行为），交配成功的机会普普通通，但怎样也比体型最小的雄性蝎蛉强，它们连唾液都分泌得不太够，交配成功的概率小得可怜。博弈论预测，这三种策略会在群体中达到平衡，事实也的确如此：如果较高阶的蝎蛉相继死亡，下一阶层的蝎蛉就会把握机会改变策略，直到重新达成策略平衡为止。

不过，威胁要有效，必须具有可信度。我最近在超市看到一位太太对着不听话的小女孩大吼："再不马上给我过来，我就把你宰了！"小女孩则完全展现出将来成为博弈论研究者的潜力，看着妈妈的眼睛说："最好是这样。"然后继续我行我素。小女孩知道这个威胁不可能成真，而妈妈也应该承认这个事实，并采用一些更为可信的威胁。

缺乏沟通也可能降低可信度，而使得威胁无效。电影《奇爱博士》可以作为例子。片中，苏联有一部末日机器，只要受到美方攻击，就会自动还击，而苏联也就相信这样的恐吓力度已经够了。讽刺的地方在于，片中苏联根本还没来得及告诉美方自己有这种机器，美方的疯狂将领就已经发动了核战，如此一来，威胁无法达到可信，于是根本无效。

换个不那么严重的例子：耶鲁大学的博弈论研究者巴里·纳莱巴夫曾经设计了一个实验，替一群超重的人拍下紧身泳装照，并威胁他们，如果没在两个月内减重8公斤，就会让这些照片上电视，也会在网络上发布。这种威胁听起来就真的很可怕了。

举例而言，英国曾有一位民众，抗议有人要在具有特殊科学意义的地方修路，于是将自己铐在推土机下面，真真切切地拿生命来威胁，推土机一动，他就没命了。要是对方不受威胁，开动推土机，他也没有别的选择，只能牺牲自己，而这正是"限制自身选项"的重点所在。同样地，赫尔曼·科尔特斯[1]在1519年4月21日率领800人的西班牙舰队，抵达今日的墨西哥韦拉克鲁斯（Veracruz），上岸之后，他就下令将船全数毁去，展现只能前进、不能后退的决心，而在一旁监视的阿兹特克人，也接收到了相同的信息。

然而，也不一定非要到如此极端的程度，才用得上"限制自身选项"的策略。像我写到这一段的时候，正坐在要起飞的班机上，我心里十分清楚，只要飞机在跑道上滑行到一半，就再也没有回头路，所以机长别无选择：如果起飞不成，就会坠机。听起来是有点可怕，但还比不上澳大利亚摩托车赛车手麦迪逊的决心：2007年的新年，他在拉斯维加斯打破了摩托车飞车跳跃的世界纪录，起跳的速度大约是时速160公里，完全无法回头。

第6章还会再回来谈"限制自身选项"的策略，但想从懦夫博弈中平安抽身，其实有个更好的办法：双方应设法协

---

[1] 赫尔曼·科尔特斯（1485—1547），西班牙军人。入侵并征服阿兹特克帝国，将该地命名为新西班牙，即今日的墨西哥。——译者注

调行动，同时脱离险境并保住面子。这也正是肯尼迪和赫鲁晓夫在古巴导弹危机中的做法：赫鲁晓夫撤下导弹，而肯尼迪同时解除封锁，并撤除美国部署在土耳其的导弹。

只要能够沟通，就会有协调的空间。的确，沟通正是各种策略协调及妥协的关键，而问题就在于如何寻找沟通渠道。这可能十分困难，特别是碰到多人懦夫博弈的时候。

志愿者困境

志愿者困境，指的是在一个群体中，第一个站出来的人会牺牲，而其他人则得到好处；然而，如果没有人愿意站出来，最后就是人人皆输。博弈论研究者常用的例子有几个：船上必须有一人跳船，否则船就会沉；共同犯下的错，要有一人承担，否则就是全体受罚；在约瑟夫·海勒的小说《第二十二条军规》中，飞行员约塞连拒绝执行自杀任务。（"如果人人都这样想呢？那我不这样想，岂不就是个白痴？"）

住在阿根廷火地岛的亚根（Yagán）印第安人有一个词真是再贴切不过，叫作"mamihlapinatapai"，意思是"双方互望,希望对方去做一件彼此都希望能完成但自己又不想做的事"。1993年版的《吉尼斯世界纪录》将这个词列为所有语言中"最精练"的词。它可以用在许多情境中,像是兄弟姊妹之间该由谁去洗碗或倒垃圾,或是一群牛羚如何渡过有许多鳄鱼虎视眈眈的河流。

博弈论研究者将志愿者困境视为囚徒困境的多人版本(或是多牛羚版本),以多重的纳什均衡来讨论(请见方框3.4)。我在澳大利亚曾有一次体会。

方框 3.4

志愿者困境

志愿者困境代表多人的懦夫博弈。如果有人自愿牺牲,志愿者之外的其他人都能得利;但如果无人自愿牺牲,就是人人皆输。这里的利益关系矩阵,看起来和公地悲剧的矩阵相当接近:

		所有其他人	
		有别人行动	没有别人行动
我	行动	利益（扣掉成本）	利益（扣掉成本）
	不行动	利益（无须耗费成本）	重大损失

然而，有一项重大不同之处：作弊而"不行动"的策略不再具有优势。如果有志愿者就万事大吉，但要是无人自愿，就可能造成重大损失，这就是其中的难处。

我家下面的山谷燃起野火，火势迅速蔓延，当时我的第一反应是冲出去往房子上喷水，同时希望有哪个邻居会先打电话报警，再出来往自家房子上喷水。但事实是，有不少邻居（也包括我）都是先打电话给消防队，然后才出来喷水。

就当时的火势来看，如果我们都决定让别人去报警，可能大家的房子都会烧个精光，而不会有四台消防车、两架直升机及时赶到，提供协助（还真的每台都用上，才阻挡了火势）。

渡河的牛羚也会面临类似的问题。河里的鳄鱼都已经在等着了，率先下水的牛羚恐怕不会有什么好下场，但在这之后，因为鳄鱼嘴里还咬着甘愿牺牲的大无畏牛羚，后面跟上来的牛羚平安过河的机会大增；然而，若是没有牛羚愿意率先下水，整群牛羚便无法渡河到对岸的草地，只能在此岸饿死。我们人类也一样，也会像这样需要志愿者，而重点就在于要发出有力的暗示。那些奋勇牺牲的牛羚其实也不想先下水，直到后面来的压力让它们不得不下水。这就是暗示。

如果我们因恐惧而退缩不前，伤害到的可能是别人。在1964年，纽约市的一位年轻女性基蒂·吉诺维斯在她位于秋园的公寓中庭遭到歹徒刺杀身亡，当时有38位邻居目睹，但无人愿意冒着受伤甚至生命危险挺身相救。

事实上，要当个志愿者，需要有英雄气概般的勇气。例如越战期间，当一颗手榴弹丢进由上士拉贝尔率领的一个步兵排时，如果没有人采取行动，都希望别人做点什么，就可能造成重大伤亡。拉贝尔挺身而出，整个人把手榴弹压在身下，牺牲自己的生命而拯救了同袍。

我们身边随时会碰到"志愿者困境"，而如果志愿者还得要代表他人，就会产生特殊的压力。想象一下自己身处一个遭逢大旱的贫穷国家,现在有一辆卡车正在发送赈灾粮食,而你刚好站在可以率先领到粮食的最有利的位置。你是否愿意让开一步,好让所有粮食能依序公平发放?抑或你会为了挨饿的家人,不顾公平与否,能抢多少就抢多少?这就是现实生活中的志愿者困境。

幸好,我们并不需要常常展现英雄气概,或是牺牲自己到这种程度。那么,在少数极端情况下应如何挑选出志愿者呢?这个问题是要在两个或两个以上的纳什均衡中做选择,每一个选择都是有一方吃亏,其他人得利。

博弈论研究者威廉·庞德斯通报告了一项实验,从中可以看出最佳解决方案有多难找,同时也可一探人类贪婪的真相。这个实验是由《科学》杂志在1984年10月做的,该杂志刊登出一篇关于合作的文章,而在文章旁邀请读者寄回函给杂志社,索取20或100美元的赠礼。活动规则是:如果所有寄出回函的人当中,索取100美元的不到两成,那么所有人都能得到自己索取的金额;但若超过两成,就统统一毛钱也没有。

虽然最后杂志编辑害怕会倾家荡产,所以决定不要真的付钱,但其实他们也不用太担心,因为在读者回应中,有

35% 的人索取 100 美元。

在这个例子里，参与者只能猜测其他人会怎么做。当存在某种暗示，让所有参与者意识到其中一个纳什均衡比其他均衡更有利时，这个纳什均衡就被称作"谢林点"（Schelling point）。

谢林点的发明者是诺贝尔经济学奖得主托马斯·谢林，他对"谢林点"的描述是："每个人在面对他人期待自己怎么回应他们的期待时心中所产生的那个期望。"

想找出"谢林点"，线索可能会是某些社会惯例，像是女士优先、等公交车要排队，或是下飞机的时候等过道上的人走完再起身等。人跟人交谈的时候，也可以看到"谢林点"的作用：正在说话的人可以被视为纳什均衡中获利的一方，而交谈中的停顿则是让其他人开始讲话，让大家轮流成为获利方。

对于愿意合作但无法顺利沟通的各方而言，"谢林点"就会是解决合作问题的关键。谢林自己提出的例子是，有两个人约好某天要在纽约市见面，但两个人都不知道确切的时间和地点。他拿这个问题问了一群学生，大多数人的回答都是："中午到中央车站的服务台等等看。"中央车站长久以来都是个著名的见面地点,也让它自然而然成为这种情形下的"谢林点"。

我也听过真实的案例:有两位同事约了某天要在巴黎见面,但都不记得确切的时间和地点,其中一位先去了埃菲尔铁塔,然后想起另一位很喜欢逛教堂,最后两人终于在下午6点在巴黎圣母院碰上了。

想找到"谢林点",必须依赖各种明显或不明显的线索,然而如果有假线索,也会造成问题。例如,前英国首相撒切尔夫人就因为在受访的时候时常抛出假线索而闻名。她说话时的停顿,会久到让采访记者以为已经可以问下一个问题,但记者刚要开口,她又讲下去,让记者没有提问的机会。心理学家杰夫·毕帝认为,这可能是来自她早期所受的演说训练,要"在强调的音节上拖长……分句结尾则要语调下降"。而在其他心理学家看来,这两项特征在一般会话中,正代表着可以换人讲话——也就是"谢林点"。

我也做过一项实验,在拥挤的街上向迎面而来的人放出假线索,暗示他们我要向某一边靠,但其实靠向另一边,看看他们对这种假线索能忍受多久。我的做法是先观察对方想向哪边靠,然后自己靠向同一边(但一定要挂着一副微笑,预防被打），持续这项过程，直到发生某些事件化解僵局为止。

我的最高纪录出现在东京（那边的人真是非常有礼貌），总共连续左右来回了 17 次，而最低纪录则是在伦敦，仅仅来回 3 次之后，那位穿着直条纹西装的绅士就说："你可不可以先想好要走哪边啊？"但也有很愉快的例子，我在悉尼的一间酒吧外面做这个实验时，一不小心就挑了一位年轻美丽的小姐，几次来回过后，她开口说："这样吧，既然我们都过不去，不如一起进去喝一杯？"

我的实验可以看出社交情境下各种线索的作用。但如果没有线索，又该如何？我们还有什么可用的策略？

方框 3.5

两性战争

其实，"两性战争"这个名称定得并不好，因为这其实算不上什么战争，而是要在两个都挺合理的纳什均衡中做选择，好让双方达成共识。这有点像是懦夫博弈，只是不会有什么灾难性的下场。下图呈现的是博弈论研究者最喜欢的例子，一个想去看球赛，一个想看电影：

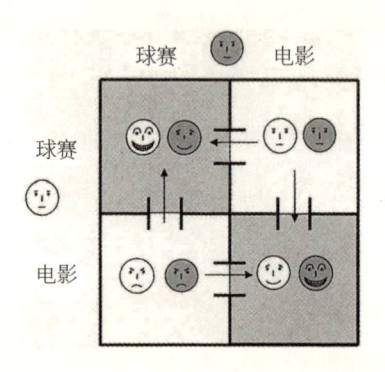

两性战争和懦夫博弈的重要差异，在于这里的两个纳什均衡分别跑向左上和右下，代表双方其实都不反对这些决定。问题在于，究竟该选哪个？如果双方能够沟通，就能丢铜板决定，而且对于最后结果，双方也没有作弊的动机。如果双方没有沟通渠道，就只能猜测对方的想法。

答案之一，就是不要假设其他人是理性的，而要假设他们也会偶尔犯错，这就是博弈论研究者所谓的"颤抖的手"假设（"trembling hand" assumption），如此一来，就可以删去一些不确定别人是否会犯错时的选项，方便做出选择，避免危险。以发生在我家附近的野火为例，因为还是有极小的可能，所有邻居都没有理智到先给消防队打电话，所以这时如果要假设已经有人打电话给消防队，其实风险非常高。正因如此，我才会决定无论如何，自己先打了再说。

两性战争

有时候，两个选项都不错，要选择还真是不太容易（特别是如果两者都牵涉到纳什均衡的时候）。太太和我就曾经面对这种问题，不知道如何分配我们住在英国和澳大利亚的时间。很多人或许很乐意有这种问题，可以整年追着太阳跑，分别享受英国和澳大利亚的春夏季节，而且两边都有很多朋友。有人说我们夫妻是"幸运的兔子"，或许没说错，只是我们还是会碰上难题，如方框 3.5 所谈到的。

问题就在于，我太太温蒂是英国人，希望常常待在英国，偶尔去一下澳大利亚，而我则想长住在出生地澳大利亚，再偶尔拜访一下英国。偏偏我们两个又想住在一起，觉得不管住英国还是澳大利亚，住在一起总比相隔两地来得好。两种选项都是纳什均衡，我们该怎么选择？最佳方案为何？

我们碰上了博弈论研究者目前为止最难以捉摸、令人头大的困境。这叫作"两性战争"，但讲的并不是男女对决，而只是因为前文例子提到的，老公想和老婆去看球赛，老婆却想和老公去看电影。比较好的名称（听起来可能没那么响亮）可能是"要不公平，还是要成效差"（Unfair or Inefficient），因为博弈论提供给我们的选项，是在"不公平的"方案与"成效差的"方案当中二选一。

太太和我一开始的决定（完全只是直觉判断，直到我们想出更好的办法为止），就是两地轮流住，住在英国的时间比半年稍长，其他时间则住在澳大利亚。我们之所以没有直接切成半年，是因为我住在英国也有些好处，方便完成我大多数的写作和广播工作。但无论如何，这样的分法还是不完美，因为不管我们选择住在哪里，都有一个会想住在另一个地方！

我们最后的办法是，列出不同选项的优缺点，试着找出其中的平衡点，有点类似成本效益分析，要在个人及夫妻的利益中取得最佳平衡。

进化论之父达尔文也这么做过，他用一张表列出所有优缺点，以决定要不要向艾玛求婚。在结婚的好处那一栏，他写了："可疼爱和欣赏的对象，总之，比狗来得强；有人做家务；有音乐，也有和女性闲聊的乐趣；沙发上有温婉动人的太太，旁边有暖和的炉火，或许还有书和音乐的陪伴。"相对的，单身汉的好处那一栏则是："可以参加聚会和聪明的人聊天；不用被逼着拜访亲戚，并且吃一堆松糕点心；没有焦虑和责任；有钱可以买书。"

但关键性的论点则是："天啊，想到得一辈子像只无性的蜜蜂一样工作、工作，到头来什么都没有。不，不，不能这样。"他的结论是："结婚吧，结婚吧，结婚吧，论证完毕。"和太太结婚已经 20 年了，我完全同意这个结论，只不过理由不完全一样罢了。

碰到两个纳什均衡的时候，运用成本效益分析来做决定，还是会有问题：成效实在不太好。

像太太和我的例子，我们决定我比她早几周去澳大利亚，再晚她几周回英国，牺牲几周待在一起的时间，好让两个人都在喜欢的地方多待一段时间。虽然我还是写了不少东西，却不怎么喜欢自己一个人过日子，而她在到澳大利亚和我会合之前，则是成天都在打扫我们在英国的家。我们采用的混合策略让我们达到纳什均衡，但两人却都不是很满意。如果采用"单纯"的策略，得到的结果可能还好一些。

然而，有人找到答案了，这个人就是具有以色列和美国双重国籍的博弈论研究者奥曼，他和谢林共同获得2005年的诺贝尔经济学奖，得奖原因是"通过博弈论分析，提升了我们对于冲突及合作的认识"。

奥曼对于"两性战争"困境的解决方式，是让双方同意以随机方式来决定策略，例如抛硬币或是抽签。像我们夫妻就是抛硬币，事先讲好，掷出正面的话，我就在英国陪她多待几天，反面的话她就早点到澳大利亚陪我。

这种方式让我们两个都好过多了。奥曼将之称为"相关均衡"（correlated equilibrium），用相当简洁的方式，让双方的选项产生关联。虽然看起来不过就是抛个硬币来解决问题，但奥曼提出的方案其实是一个比纳什均衡更有力的概念。

在某些懦夫博弈中，双方因为自身利益而陷入僵局，无人愿意退让，眼看就要同归于尽。但在奥曼的巧妙概念中，正可以利用自身利益来解开僵局。关键就在于双方要同意以某种方式随机选择策略，由不具利害关系的第三方选择之后，私下告诉两方要怎么做，但不要告诉他们这个策略对另一方有何影响。原则很简单，但实际执行起来可能还是有点难。

猎鹿问题

最后一个是"猎鹿问题"（请见方框 3.6）。博弈论研究者布赖恩·斯科姆斯认为，与其说这是囚徒困境的问题，不如说是社会合作的问题。"猎鹿问题"的名称来自法国哲学家卢梭讲过的一则小故事：有一群村民去猎鹿，每个人都知道，如果想成功猎到鹿，每个人都必须坚守岗位。但假如碰巧有只野兔从某人眼前跳过，他一定会毫不犹豫地追上去；只要抓到了兔子，即使同伴猎不到鹿，他也不会太在意。

卢梭认为这个故事是个隐喻，讲的是社会合作和个人自由之间永远存在的紧张关系。他讲到了个人和国家的社会契约，认为真正的自由，是放弃部分的个人自由，好让全体都拥有自由。应用到猎鹿问题上，就是每个人放弃抓兔子的自由，一起合作来猎捕更大的但不一定猎得到的鹿。

布赖恩·斯科姆斯将这个道理与许多社会（尤其是民主社会）的运作方式做比较，结论发人深省："如何建构或改善社会契约？这个问题可以想象成是在问：如何从一个没有风险的猎兔均衡，转变成一个有风险但报酬高的猎鹿均衡？"

方框 3.6

猎鹿问题

猎鹿问题就像是囚徒困境的反面：最佳的纳什均衡是各方"合作—合作"，而不是"作弊—作弊"。这听起来挺完美的，但我们来试试看，把咱们的伯纳德和弗兰克从牢里放出来猎鹿，看看实际上会出现什么情形：

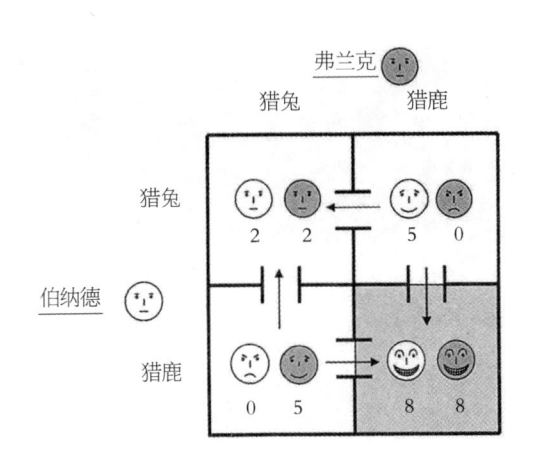

> 弗兰克
>
> 猎兔　猎鹿
>
> 伯纳德
>
> 猎兔
>
> 2　2　　5　0
>
> 猎鹿
>
> 0　5　　8　8
>
> 很明显，右下角形成纳什均衡，双方都没有作弊的动机——除非他相信另一人可能作弊。如果一方作弊，另一方的最佳选择就是跟着作弊。至于多人的版本，应该可以不用再特别说明，但值得一提的是，这种情形其实十分常见。

猎鹿问题一开始看起来是个白痴问题：合作能得到的好处比作弊大太多了（博弈论也将作弊称为"背叛"），所以当然应该合作以追求较大利益。这刚好和囚徒困境完全相反。

囚徒困境中，不论他人如何作为，个人作弊能得到的好处总是比较大，而猎鹿问题里真正在捣乱的部分，其实就在于"风险"。

囚徒困境的重点在利益；换言之，奖励是最大考量，人会选择奖励最多的策略。然而猎鹿问题的重点在风险，选择策略时可能会偏向风险最低的策略。

写这个章节的时候，我碰巧看到了《奇异的恩典》（*Amazing Grace*）这部电影，可以说明风险导向的策略。片中描述英国政治家威廉·威伯福斯如何努力使英国废除奴隶制度。当时许多政客很早就可以支持废除奴隶制，让法案迅速通过，但因为很多选民都是奴隶交易的既得利益者，政客害怕惹恼他们，所以一定要等到有足够多的人站出来才敢发声。这些政客的这种投票策略就是风险导向，要尽量减少自己政治生涯的风险。

庞德斯通在他的著作《囚徒的困境》中提了一个较近的例子。1989年，美国总统老布什提出宪法修正案，要将焚烧国旗定为联邦犯罪，法案交付参议员投票表决。庞德斯通写道："反对法案的人，多半是因为觉得这项法案侵犯意见表达自由。但同时他们也担心，如果投下反对票，对手会给他们贴上不爱国的标签。"

现在这个世界上，许多人的生活环境里随时都存在着这种猎鹿问题，特别是在保障个人自由、意见表达自由，甚至是私人谈话的自由方面。

如同斯科姆斯所言："关于博弈论要如何将猎兔转向猎鹿，最新发展仍然相当不乐观……要让猎兔人转为猎鹿人，每个人都必须改变自己对他人可能会怎么做所持的想法。但博弈论一般是在理性选择的基础之上，并未讨论如何或为何会有这种心态上的转变。"

真正的重点，其实不只是要让个人改变自己对他人的想法，更是要研究如何让一整群人以协调的方式来达到这个目标。不过，这还只是第一步，接下来还要说服这些人坚持新立场，不要再改变心意。以下章节就要来讨论，面对各种作弊的诱惑，究竟该如何抵抗，以达成合作。

石头、剪刀、布

第 4 章

如果合作无法达成共识，不妨将一切交给命运，用猜拳来决定吧!

我研究的第一个自行运作策略，灵感来自猜拳游戏"石头、剪刀、布"。这个游戏世界闻名，只是各国用的名字不太一样。我最喜欢的一个来自日本，用的是"村长、老虎、村长的妈妈"；其他还有"蛇、青蛙、蛞蝓"（日本），"大象、人、蠼螋"（印尼），"熊、人、枪"（加拿大），还有"熊、牛仔、忍者"（大概只有在美国的密尔沃基市会这样说）。不论名字为何，这个游戏并不限于儿童娱乐，就算是成人，也会在无法达成共识或将一切交给命运决定的时候，来猜个拳。

据说，1781年英军在美国的约克镇战败后，美国国父华盛顿和英军指挥官康沃利斯侯爵及法国元帅罗尚博伯爵一起在康沃利斯侯爵的帐篷里签署英军投降书，最后就是用猜拳来决定出帐篷的先后顺序。〔故事里是罗尚博伯爵赢了，因此有些地方依旧把猜拳叫作"罗-尚-博"（Ro-Sham-Bo）。]

比较近的例子是，佛罗里达州曾经有两位律师为了该在哪里传询证人僵持不下，最后法官命令两人猜拳解决。其实这两位律师的事务所根本就在同一栋大楼里，只相距四个楼层而已！

在律师的这个例子里，需要有外部的权威人士来执行决定，但博弈论研究者发现，如果引进第三方，就会使得博弈本质完全改变，而不再需要有外部权威人士介入。原因在于，三个参与者的策略会自然形成平衡，不会由任意一个策略主导。自然界就是运用这种平衡，让物种维持多样性和各自生存的策略。博弈论研究者已经证明，我们可以运用类似的平衡，减少"搭便车"困境中的作弊情形。以下就要检视这些平衡由何而来，又能够如何实际运用。

先从两人的猜拳游戏讲起。大部分人都很熟悉猜拳规则：双方在彼此都了解的时点，同时伸出右手，做出代表石头、剪刀或是布的形状。如果双方比出的手势一样，就是平手；否则，石头会把剪刀弄钝，剪刀能剪布，布能包石头。所以，石头赢剪刀，剪刀赢布，布赢石头，再简单不过了。

猜拳是一种零和游戏，例如，假设赢了加一分，输了扣一分，平手是零分，在游戏结束后把所有人的分数加起来，一定为零。对博弈论研究者而言，这代表着一件事：采取"大中取小"原则，就能得到最佳策略。这样一来，直觉就能得到一个明显的结论：在不知道对手意向的情形下，最好的方法就是采取混合策略，随机出剪刀、石头或是布，三者平均分配。假如双方都这么做，输赢或平手的概率就会相同。

猜拳游戏之所以具有吸引力，是因为双方在心理上都觉得自己有所选择，具有主导权。这也代表着，如果能算到对手会出什么，就稳赢不输。

几年前，日本Maspro电工公司的社长桥山高志打算拍卖该公司收藏的印象派画作，但无法决定要交给佳士得还是苏富比来承办。于是桥山社长要两家拍卖公司自己决定，由谁来拍卖这批价值连城的收藏，而在电子邮件中，桥山社长"建议用像是'石头、剪刀、布'的方式来解决"。

两家公司有一个周末可以决定该出什么拳，但两边采取的策略截然不同。苏富比表示他们"没想太多"，于是出了布，可以看出他们认为佳士得会出石头。但最后是由佳士得胜出，因为佳士得艺术品拍卖部门主管麦克莱恩的11岁双胞胎女儿芙罗拉和艾莉丝提出了她们的专业建议。艾莉丝解释说:"每个人都会以为别人要出石头。"所以要赢就要出剪刀。

或许这对双胞胎看过某集的《辛普森一家》,在那一集当中,巴特心想:"石头又硬又坚固,天下无敌!"当然还是被丽莎看穿了。事实上,苏富比真的是运气不佳,因为就统计学而言,他们的确选择了最佳的策略。就统计期望值而言,出剪刀的机会应该是33.3%,但过去比赛中的数据显示,实际上出剪刀的比例只有29.6%,比其他两种都低,也代表着出布的次数可以稍微多一点。除此之外,完全随机出拳仍然是最佳策略。[1]

事实上,苏富比的做法完全合理,因为他们无法预知佳士得要出什么拳。但如果带入第三方,情形就大为不同了,以我亲身的例子,就是上次教我5岁的孙子玩猜拳。他妈妈和我先玩给他看,他想了想,就很得意地大声说:"我以后都要出石头!"这样一来,不管谁跟他玩,都是稳赢不输。然而,等到三个人一起猜拳,情况就有所不同,他先宣布了要

---

[1] 随机出拳唯一的问题,在于实际上很难真的"随机"。大部分人最后都会产生某种模式,而优秀的对手就能看出这种模式。为了克服这个问题,我想出一种没有对手可以猜测到的随机出拳策略,就连我自己也没办法在不同猜拳场次中预测得出来。我用线上计算机程序测试了这个策略,结果相当成功。(详见方框4.1)

出石头，就代表他妈妈和我永远没办法打败对方。举例来说，如果我出布，她可以出剪刀来赢过我，但就会输给他的石头，形成和局。

数学家会说猜拳游戏具有一种"非传递"的本质，造成三种结果彼此之间平衡的张力。换言之，石头赢剪刀，剪刀赢布，并不代表石头赢布，反而会因为布赢石头，而让三者形成无限的循环。

自然界中，某些物种也会采取不同的传宗接代策略，彼此形成非传递的平衡状态。例如，加州侧斑蜥蜴（side-blotched lizard）就是个有趣的例子，雄性的喉部会呈现橘色、黄色或蓝色。橘喉蜥蜴采用侵略策略，地盘范围大，地盘内有许多雌蜥蜴。黄喉蜥蜴则采用偷偷摸摸的策略来反制，橘喉蜥蜴一不留神，它就溜进橘喉蜥蜴的地盘和雌蜥蜴交配。但黄喉蜥蜴的策略又会被蓝喉蜥蜴破解，因为蓝喉蜥蜴生性善妒，而且设下的地盘较小、"后宫嫔妃"少，陌生蜥蜴休想暗地偷情。然而，橘喉蜥蜴又会直接侵略蓝喉蜥蜴的地盘，掠夺蓝喉蜥蜴的"妻妾"。如此一来，三者间形成制衡，与"石头、剪刀、布"有异曲同工之妙。

对这三种蜥蜴来说，放弃自己的策略而改用别人的策略，一点好处也没有。例如，假设橘喉蜥蜴采用了黄喉蜥蜴偷偷摸摸的策略，就永远无法打败蓝喉蜥蜴，那么蓝喉蜥蜴很快就会称王；橘喉蜥蜴也没办法采用蓝喉蜥蜴的策略，因为这代表黄喉蜥蜴会改用侵略的策略，快速取得优势。

每种蜥蜴都在应对另外两种蜥蜴时采取了最佳策略，换言之，进化已经为每种蜥蜴都准备了最佳策略，用以回应其他两种蜥蜴，从而形成平衡状态。最后的结果就是，虽然三种蜥蜴的数量有消有长，但长期看来大致都各占三分之一，这也是最好的结果。

像"石头、剪刀、布"这种自然平衡情境，不止出现在蜥蜴身上。斯坦福和耶鲁大学的研究者发现，正是因为这一自然平衡，生存在同一环境下的细菌才保有了生物多样性。这里讲的细菌是大肠杆菌，可以在人类的消化系统中找到。

研究人员在培养皿中混合了三个族群，其中 A 族群能产生天然的抗菌物质"大肠杆菌素"，但本身对这种抗菌物质免疫，就像蛇不会被自己的毒液毒死；B 族群对大肠杆菌素很敏感，但生长的速度比 C 族群快，而 C 族群则能够抵抗大肠杆菌素。结果就是，三个族群在培养皿中各据一方，A 族群能杀死附近的 B 族群，B 族群则靠着生长速度来排挤 C 族群，而

C族群又靠着自己的免疫力来排挤A族群！

这种能在几个不同策略之间自行运作的平衡，已经证明是生物实现多样性的重要原因。可是，只要其中一种物种消失，这种自然平衡也就不复存在，最后只会有一种物种存活。

举例来说，如果橘喉雄蜥蜴忽然消失，黄喉雄蜥蜴偷偷摸摸的策略无法打败蓝喉雄蜥蜴的防御策略，于是很快就会跟着绝迹，最后只剩下蓝喉蜥蜴独大。同样的摧毁过程也可能发生在植物群集之中：只要有一个物种消失了，其他物种也很快会跟着消失。"石头、剪刀、布"的情境中，每种策略都是对另外两种策略的最佳回应，而能维持其间的平衡。

以"自愿退出"作为第三种策略

自然界中，"石头、剪刀、布"的情境，代表没有哪个策略能占绝对优势。博弈论研究者主张，可以使用类似的方法解决"搭便车"问题，即在没有外力协助（例如社会观念）的情况下，避免侵占公共资源却不贡献的作弊策略成为主流。

在我家附近的幼儿园，我曾见过作弊这件事转眼占尽优势。有个新来的孩子，在家从来没人教他玩完玩具要收好，都是由溺爱孩子的爸妈来收拾，于是等到全班该一起收玩具了，他并没有行动，而是作弊：继续玩他的。很快，其他孩子也有样学样——他能这样做，为什么我们不能这样做？当时老师没能制止这种情形，等到家长都把孩子接走了，整间教室天翻地覆，玩具丢得满地都是。

除了体罚之外，老师有没有其他办法可以采用？博弈论研究者会说，的确有办法，只要发扬"石头、剪刀、布"的精神，带入第三种策略，赢过作弊策略，但输给合作策略即可。一种可能的办法是先让所有孩子停止玩玩具（例如先去吃个冰激凌），再告诉他们，先把玩具收好的，就会有额外奖励（例如可以再多吃一些冰激凌）。

这种做法究竟行不行得通？至少我试用的时候效果不错。

有一次在小孩子的派对上，我得扮成小丑这种大伤体面的模样，完成一项艰巨的任务：在小孩都还想玩的时候，让他们别再玩了，把东西都收好。我先告诉他们，只要肯停下来不再玩，就能吃到淋着巧克力酱的特制冰激凌；另外，如果肯先把玩具收好，还能得到额外奖励：可以拿水球砸我一次。有的小孩还是照玩不误，有的则只想吃冰激凌而懒得先去收玩具。不过，大部分小孩都把玩具收了，就想把我搞得一身湿答答。

我在这里提出第三种策略，让小孩除了继续玩（作弊）以及收玩具（合作）之外，还能有其他选择，也让原先的两种选项建立起全新的平衡关系。我的孙子在三人猜拳情境下采用的"只出石头"策略也是如此，逼得他妈妈和我都无法打败对方。

博弈论研究者将第三种策略称为"独处者"（Loner）策略或是"自愿者"（Volunteer）策略（我们也可以把它称为"退出"策略）。采用这种策略的效果是："有人自愿，可以缓解社会困境：不让背叛者（博弈论研究者用来称呼作弊之人的用语）为所欲为，而能达到合作者、背叛者和独处者三者共存。"

换句话说，选择退出而不合作，其实可以让未退出的人合作得更密切！我在英国所住的那个村子，就曾有过这种例子。我们一群人打算聚起来，邀请切尔诺贝利地区的受灾儿童来我们村子参观，抚慰他们的心灵。过程中越来越多人退出筹备工作，结果反而让剩下的人不得不合作得更为密切，以完成这件事。另外，在执行委员会里，总免不了有一两位袖手旁观，所以到头来，我们的确形成了合作者、背叛者和独处者之间的动态平衡。

在德国的马克斯·普朗克湖沼学研究所[1]，曼弗雷德·米林斯基的小组就将这种平衡应用于正式的实验中。湖沼学的英文 limnology，看起来像是要研究肢体（limb）的学问，但其实研究的是淡水湖和淡水池塘。米林斯基的小组是一群进化生态学家，专门研究生活在淡水中的生物群体，了解其间的合作如何进化。但这次研究他们所挑到的生物，大概平常并不会泡在水里——一群生物系一年级的学生，如果让他们泡在酒里，搞不好会比较开心。

研究人员让这些学生参与的实验，是让他们玩一套计算机游戏，选择要当个合作者、搭便车者，还是独处者，再根据他们的选择，发给他们货真价实的现金。如果选择当个独处者，不加入团体、不玩这个合作游戏，只能拿到一小笔钱；但如果自愿加入团体、成为合作者，就能赢得比较大的金额；如果自愿加入团体，再选择作弊而成为搭便车者，赢得的金额更大。然而煞风景的是，如果太多人选择当搭便车者，那么合作者和搭便车者得到的金额都会大减，反而还不如当个独处者。

---

[1] 该研究所已于 2007 年改名为"马克斯·普朗克进化生物学研究所"（Max Planck Institute for Evolutionary Biology）。——译者注

这时就可以看到类似于猜拳的情境，只要有太多参与者选择某种策略，该策略就会不敌其他策略。这群学生最后的结果，也跟加州侧斑蜥蜴差不多，合作者、搭便车者和独处者各占1/3。虽然在有一大群合作者的时候，搭便车者可以占到便宜，但等到搭便车者人数太多，就不如当个独处者。然而，如果独处者太多，团体里剩下的其他人太少，到最后搭便车者也占不到便宜，就像在拔河比赛里，结局未定之前，如果队员想偷懒，不尽全力，就会偷鸡不成蚀把米。

米林斯基的实验结果可以显示，为何他们说自愿的策略"可以缓解社会困境"。这是因为，"如果大多数人是独处者，团体就会缩小；而在小团体中，博弈不再是困境，因此能促进合作"。换言之，在小团体里搭便车占不到便宜，因此也没有作弊动机。

我曾经住过一个英国的小村子，见证了这种小团体效应。我隔壁老先生家里进了小偷，被偷走几座珍贵的钟表。小偷在当地的酒吧里向朋友炫耀，得意扬扬，结果反而被训了一顿，要他马上把钟表还回去！因为在这么小的村子里，如果哪个人从此被看成小偷，可就太划不来了。

简言之，"自愿（这里指的是自愿退出）并不会带来完全的合作，但可以（借着压制背叛的策略）避免许多团体所碰到的相互背叛情形"。然而，所谓的第三种策略也不是只有退出一种，还有其他方式，也可以形成三方互相牵制的情境。以下介绍的，就是"三方对决"。

三方对决

三方对决其实类似于两人对决，只不过改成三方就是了。加入第三方之后，会造成一些矛盾的情形，与我们的日常生活情境息息相关。

举例说明其中一种矛盾。假设有三位男性逻辑学家，正在讨论博弈论里面的精妙之处。讨论激烈之际，他们觉得，既然大家都是男人中的男人，唯一的解决方法就是来场枪战，谁能活下来谁就有理。然而，既然他们都是逻辑学家，就一定得先想出一些规则。他们的结论是，枪法最差的可以开第一枪，第二差的开第二枪，依此顺序轮流开枪，直到剩下一人活着为止。而统计数据显示，枪法最差的只有 1/3 的机会打中目标，第二差的有 2/3 的机会，枪法最好的则是弹无虚发。

如果你是枪法最差的那个,你该瞄准谁?

答案是:对空鸣枪就好!如果你瞄准枪法第二差的,而且还真的打中,轮到下一个,你就必死无疑;如果你射死了枪法最好的,也只剩 1/3 的活命机会。换言之,如果你射死了任何一个对手,只会让你的情况更糟,因为这样一来,剩下的对手再也没别的目标,一定会瞄准你。如果你第一枪谁都没打中,那就还有机会开第二枪,而且胜算更大。

有很多实际的情形,都类似上面这个假想的局面。其中一种,会出现在国际象棋和桥牌的巡回赛中。许多桥牌巡回赛都采用 SWISS 赛制,第一轮分出输赢后,第二轮输家和输家打、赢家和赢家打,依此类推。过去我经常参加这类比赛,很快就发现,最佳的策略就是第一轮一定要输,这样之后碰到的对手比较弱。

我发现,这种让强者先去拼个你死我活,自己再坐收渔翁之利的策略,其实在生活中很多地方都派得上用场。特别是开董事会的时候,我常常先不加入辩论,而是等其他人争论到累了,炮火不那么猛烈的时候,在最后一刻提出我的想法。

最早分析三方对决的两位学者是基尔高和布拉姆斯,他们提出了几个很有意思的例子。其中一个有名的例子,是1992年美国三大电视网的三方对决:既要抢主持人,又要在深夜节目的形式上不落人后。ABC(美国广播公司)固守着广受欢迎的《夜线》节目,可以说有效采取了对空鸣枪的策略,从而迫使CBS(哥伦比亚广播公司)和NBC(美国全国广播公司)形成双方对决,必须争相聘用戴维·莱特曼或杰·雷诺这种脱口秀谐星,来吸引深夜娱乐节目的电视观众。

比较严肃的例子,则是冷战时期的长期核威慑政策,参与者为美国、西欧和苏联。如果只是西欧和苏联两方对决,可能就会发展成全面战争,但有了美国加入,假设苏联入侵联邦德国,就可能引来美国的核反击,于是,三者间形成极度危险的三方对决局面。

当然,这种冲突常常十分复杂,如果只用三方对决来分析,未免过于简单。但基尔高和布拉姆斯认为,只要我们有所体会,从日常生活中的类似情境中找出规则,就能够获益良多。这点之所以如此重要,是因为最佳策略非常敏感,只要情境中稍微有一点变化,就可能让策略大不相同。例如其中最重要的心得之一,就是最有力的参与者常常会站在最不利的位置，而成为早期的众矢之的。

基尔高和布拉姆斯认为，依据推论，"考量那些长期僵持不下的冲突时，陷入三方对决的人可能会发现，自己的某些作为虽然可以带来短期利益，但长期来看反而可能触动了最后导致自己走向灭亡的力量"。

从历史上来看，有些强国会试着压制由其他强国所支持的反叛行动和恐怖主义，结局也就不出意外，从美国独立战争到阿富汗及伊拉克的冲突，都是如此。

基尔高和布拉姆斯指出的另一个现实问题，则在于各方签订的协议常常并不持久。这点在政治上尤为明显。以澳大利亚为例，塔斯马尼亚省曾经发生一次三方对决，当时是由两大政党加上一个较小的绿党形成权力制衡，两大党都希望和绿党结盟，但未能成功，最后形成三方对决，让塔斯马尼亚省进入无政府状态。另一个例子则在意大利，从第二次世界大战以来，该国一直无法建立起稳定的联合政府，结果就是意大利国会的上下议院已经解散过七次之多。

我们究竟该怎么做，才能让协议和盟约更为稳定？这代表着必须让各方感觉到，如果打破协议，大家都没有好处。下一章会讨论是否可以以及该如何达成这个目标。

方框 4.1

猜拳不败法则

这里说"不败"是有道理的,因为我不是要预测别人的策略,好增加自己获胜的机会。如果有人做得到,那还真是恭喜他。这里的重点是要找出方法,让别人击败我的概率不超过五成。重点就在于找出一个真正无法预测的随机出拳策略,然后奉行无误。

方法有很多种,我自己的方式是把一个"超越数"(像是 e 或是 π)的大约前二十位数字背下来,因为我知道这些数字之间还真是一点关系也没有,无法推断下一个数字可能是什么。接着,在猜拳的时候,如果数字是 1、2、3 就出石头,4、5、6 就出布,7、8、9 就出剪刀,而碰到 0 也是出布(理由会在下面解释),或是就看心情而定。以 π 为例(3.14159265358979323846……),出拳的顺序就会是石头、石头、布、石头、布、剪刀、石头、布、布、石头、布……

这几乎是我们能做到最接近随机的序列了,完全无法根据上一个数字（或上一次出的拳）预测后面会是什么。你也可以在每次猜拳的时候，从不同的位数开始轮，而且如果你对数字的记忆过人，还可以试试能不能倒着来（其实并没想象中那么难）。

我曾经用这个策略和人工智能演算程序 Roshambot 对战，程序设计者是信息工程专家佩里·弗里德曼，他目前是赌城拉斯维加斯的职业扑克牌高手。弗里德曼告诉我（当然是在我跟他写的程序对战之后），这个程序会"寻找你出拳的模式，再以符合的次数来加权。像是如果某种模式在过去五次猜拳中都符合，加权后就会高于只符合过去三次猜拳的模式"。他也说："如果你的确能做到随机出拳，程序就占不了你的便宜，但你也占不了它的便宜。在真正随机的博弈里，结果也会是真正随机，呈现出来的就是随机变动的结果。"

以下是我用超越数 e 的各个位数和程序猜拳 500 次的结果，交由读者自行判断。我让 0 代表布，1~3 代表石头，4~6 代表布，7~9 代表剪刀：

赢	输	平手
185	159	156

看起来，程序似乎是找到了根本不存在的模式，最后聪明反被聪明误。不过弗里德曼认为，我能赢也不过是运气罢了。

如果只是想击败大多数的人类对手，其实不用辛辛苦苦地找出模式——甚至连试都别试了，因为相关的算法十分复杂，而且还得先确定有模式存在才行。所以，还是靠统计比较好：统计显示，大多数人出石头的概率会比较高，出剪刀和布的概率相对小一点。1998 年，日本数学家芳迟光雄统计了 725 人所出的拳，发现出石头的占 35%，布占 33%，剪刀占 32%；另外，在脸书上玩线上猜拳游戏 Roshambull 的玩家，则是石头占 36%、布占 30%、剪刀占 34%。这样看来，我们猜拳的时候应该多出一点布和剪刀，少出一点石头，但至于该出布还是剪刀，可能就得看看是不是跟真人玩猜拳，甚至说是要看你是在日本玩猜拳，还是在线上玩猜拳，再来决定。

用沟通协商建立联盟

第 5 章

信息可能有误,想法可能会引起误解,合作时各方不对等的实力可能会引起冲突……如何跳脱出合作中的困境,我们可以借助沟通和协商,建立联盟关系,达成共同策略。

要跳脱社会困境,可以借助沟通和协商,这两个概念有助于让我们分享信息和想法,建立联盟关系,达成共同策略。遗憾的是,信息可能有误,想法可能会引起误解,合作时双方实力可能不对等而有所冲突,或是像浴缸里的肥皂泡一样破掉再重新排列。要怎么做,才能让沟通更顺畅、协商更公平、联盟更稳固?

沟通

动物发展出许多沟通方法,可以让发出的信号不受误解、万无一失。例如鲱鱼的"放屁"沟通法,就抵过千言万语。鲱鱼屁听起来是一种"快速重复的嗒嗒声",鲱鱼群都听得到,但掠食者似乎无法察觉,如此一来,就算是伸手不见五指的夜间,鲱鱼也能维持队伍,集体行动。

至于其他生物,像是教室里的调皮鬼,也会用差不多的方法来沟通。我有位澳大利亚同胞克莱夫·詹姆斯,现在是作家兼广播主持人,以前上课的时候,老师讲话讲到一半,这位老兄就会发表一点"气体形态"的意见,好比红磨坊的著名艺人派托曼。派托曼的屁功出神入化,甚至能放出一曲法国国歌来。

然而,放屁沟通的意境毕竟有限。蜜蜂的沟通方式可能好一些:跳舞。如果有蜜蜂发现新鲜的花蜜,就会回到蜂巢,在其他蜜蜂面前跳上一支复杂的"摇摆舞",告诉它们花蜜的方位和距离。另外,我们也常看到蚂蚁排成一列长长的队伍,仿佛背后有什么神秘的力量。这是因为发现食物的蚂蚁,直接在回巢的路上沿路留下气味,其他蚂蚁只要循着气味,就能找到食物。

不论是放屁、跳舞,还是留下气味,在人类沟通里都能看到类似行为。但自然界中,和我们的沟通方式最像的,可能是座头鲸。雄性座头鲸发出的歌声就像是人类的语言，有层次语法（或者说有语法和结构），歌声可能长达 30 分钟。虽然已有哈佛大学和伍兹霍尔海洋研究所做过分析，但科学家还未能解开座头鲸歌声的意义。

虽然如此，我们可以确定，座头鲸一定是用语言来和同胞沟通特定信息，而且距离可能达半个地球之遥。

鲸鱼的语言每秒只能传递一个位元的信息，但一个位元构成一个最小单位，能区分出两种不同情形。乍看之下，人类的语言也不见得快到哪里去，就算是快速演讲的世界纪录保持者、美国前总统肯尼迪（每分钟 327 字），每秒也不过 16 位元，相较之下，即便是速度缓慢的数据器，每秒传递的信息量也高达 56000 位元。我的讲话速度普普通通，每分钟大约 200 字，每秒 10 位元，也只比鲸鱼快 10 倍而已。

我跟鲸鱼的不同，就在于我会将位元集合成有区别性的字节（称为"音素"），平均每个音素是 5.5 个位元，而音素又可以再组合成字，平均每个字有 4~6 个音素。这些字可以再用数百万种不同方式组合，产生出复杂的语言，带出丰富的意义。正是这种复杂性，让人类不只可以用语言沟通，还能协商。

协商

如我们所知，很多动物求偶、觅食和划定地盘的时候，会通过各种仪式来表现。人类的肢体语言和种种卖弄的表现，其实也会传达一些信息，像是闪闪发光的新车，就好比公孔雀的尾巴，而人生气皱眉，和狒狒露出色彩鲜艳的屁股意思相近。幸好我们不像公河马，如果两头公河马打了起来，通常排便多的就是赢家，而气味也是获胜的要点。如果便味有所不足，河马还能打出臭气熏天的嗝来扰乱对手。

动物的种种表现和反应，深植于基因，这些表现和反应所引发的结果通常也都不出意外，有时候会以暴力收场，就像是两群喝醉了的足球迷，彼此威胁恐吓久了，就可能擦枪走火。我有时候认为，这些球迷搞不好也带有什么特殊的基因。但有一次碰上一群足球迷，让我发现善用语言可以带来协商空间（协商可是解决社会困境的关键工具），使我平安脱身。

我当时和一位物理学家朋友搭火车，有一站挤上来一群醉醺醺的球迷，他们支持的球队刚输了比赛，满腔怒火正愁无处发泄。我朋友正在为我示范一个实验，他对着灯光比出一个手掌朝内的V形手势,但正对着一名醉汉,而那个手势在澳大利亚还是个脏话。要说这位醉汉"很不爽",恐怕太简单了。我赶忙向他解释说这是一个科学实验,而且抓住他眼中闪过一丝兴趣的那一刻,赶快让他看看如何让光线从微微并拢的指缝间透过,并且出现一条黑色线条,再大力赞扬他真是聪明过人,立刻掌握到其中诀窍。他很得意地转过去向同伴炫耀他的发现。而到我和朋友下车的时候,满车都是兴趣盎然的醉汉,向灯比着脏话。[1]

当时如果没有语言,我们可能就麻烦大了。因为有了语言,我才能对那个遭到误解的手势加以解释。用语言协商,也让我能为火车上那位大哥找点别的乐子,别揍我的朋友出气,而是拿他的新发现去向他的朋友炫耀。

当时假如不这么做,就只能改用威胁手段,但我丝毫没那本事,而且那么做只会火上浇油。然而,已故的英国爵士乐歌手乔治·梅利也曾经碰上类似情况,而他找到的威胁方式可是别具神效。某天音乐会结束后,他碰上一群醉醺醺的年轻人,无计可施之下,他从口袋里抽出一本禅诗集,大声吟咏着

---

[1] 这个实验是要展现光线的"干涉"现象。

如天书般的内容。那群孩子吓傻了，迅速逃走，坚定地认为乔治·梅利一定精神有问题，天晓得还会做出什么举动。

协商的两大利器，就是威胁和承诺，两者间的选择要看当时情境而定，而且对方必须相信才会有效。如果爸妈只是大吼："再不住手，我就把你宰了！"小孩大概理都不理，而"你不准吃冰激凌"或"我买冰激凌给你吃"，就有效多了。

两者看来，威胁比承诺来得省事，因为如果威胁有效，就不用走到实践诺言那一步。然而，如果威胁让人觉得只是说说而已，就可能让情况恶化。相较之下，承诺给予奖励就很少存在这种问题，但也并非全无风险，像是如果让敲诈勒索的人尝到甜头，日后就会索取无度，贪污的官员也常常是越贪越大。

尽管如此，一般日常情境中，奖励仍然是比较好的方法。例如，逛街购物其实就是协商，"你给我这些东西，我就给你多少钱"，就是我们对店家提出奖励的承诺；而店家则是反过来，"如果你给我多少钱，我就给你这些东西"。有时候，店家还会提出加码大放送，让你抵不住诱惑，把钱乖乖拿出来。

虽然逛街似乎不是什么大不了的事，没必要想得这么复杂，其实不然。我和太太第一次在印度买衣服的时候，这种想法可是有用极了。

我们和店家说好价钱是300印度卢比（大约8美元），接着付了一张500卢比的钞票，以为会拿到衣服并且找零200卢比。但印度文化可是大大不同：店家不肯找钱，而是想再卖些衣服给我们，而且他看来已经抱定了耗上一整天的决心。这下我们可学乖了，之后就以其人之道还治其人之身，随身带着一堆小钞，付钱的时候总是先少付一点，如果店家不高兴，就说可以把一些衣服还给他（这也算是一种奖励）。

这种做法，是要达到真正的意见一致，都没有再操弄的空间。我们这么做，一点也不会良心不安，因为我们的印度朋友说，那些店家对于成本可是清楚得很，赔钱的生意才没人做呢。

联盟

在博弈论研究者眼中，我们和印度店家其实是"联盟"。一般人想到联盟，只会想到政党或是有相同目标（常常是战争或军事的目标）的国家，但博弈论研究者将这个概念延伸，只要是成员之间彼此协调出策略，为共同目标同心协力，就可以称为"联盟"。

在博弈论研究者看来，婚姻是联盟（虽然有时会出轨），球队也是联盟；不论是两个行人各走一边，还是买家卖家的金钱货物交易，只要便于协调双方策略，都是联盟关系。

如果结盟不成，则必须承担被称作"独身联盟"（singleton coalition）的侮辱。总之，在博弈论研究者眼中，一切都离不开"联盟"的概念。

本书的产生过程，也是我和编辑经过协商而形成合作联盟的过程。我的策略重点是要想清楚自己的想法，以有条理的方式呈现，再提供有趣的例子，好让读者了解；而编辑的策略重点，则在于让我以多数读者为考量，着重日常情形和世界目前存在的问题。市面上关于策略和协商过程的著作多如牛毛，领域也已涵盖政治、国际外交、商业管理、组织经营、人际关系等，就算我能做得到，也不想再写出一本差不多的书。我和别人不同的地方，就在于我关注的是过程所指引的方向，以及如何定目标才能使合作成功。

其中一个明显的目标，就是建立联盟，让各方协商出策略，彼此信任，信守承诺。这可以让所有人跳出社会困境，实现双赢。

根据博弈论研究者罗杰·A. 麦凯恩的说法，成功的可能就在于"原则上，只要各方能够达成一个合作方案，任何非定和的博弈（non-constant sum game）都能转换成双赢博弈"。要是办得到的话，我还真想让这句话从书上跳起来，并且加上音效，跑来跑去大声广播，因为这正是我当初读到这句话所感受到的震撼。我要找的，就是如何让社会困境能有双赢的结局，而博弈论告诉我，的确有法可循：只要建立起真正稳固的联盟即可！

要建立起联盟，关键就在于信任。圣诞节的时候，我朋友的两个孩子收到祖父母的礼物，一人拿到脚踏车，一人拿到电动玩具。但麻烦的是祖父母弄反了，想要脚踏车的拿到了电动玩具，想要电动玩具的拿到了脚踏车。听起来这也不是什么大问题，交换就好了，但刚开始的时候就是没办法，因为两个人都不肯先放手，他们担心："要是我先给他，如果他两个都抓着不放，怎么办？"[1]

两个小孩会掉进这种陷阱，是因为不够信任对方，无法

---

[1] 他们陷入了囚徒困境。"给—给"是合作、协调（也是最好的）策略，而"留—留"策略是两人皆输的纳什均衡，却也是当下的优势策略。

形成承诺交换的联盟。最后爸妈威胁说再不换就统统没收，轻松解决了这个问题，因为这么一来，小孩被迫组成临时联盟，交换也就不再有阻碍。

这个小故事的启示是，小孩之所以形成联盟，是因为爸妈让他们觉得形成联盟比较划算。世上人人都自私，因此"觉得划算"就会是我们同意形成联盟的主因：可能是自己觉得划算，或是别人让你有这种感觉。加入联盟的报酬可能是情感上的，如归属感，或是团体能提供的安全感；也可能是实质上的，如职位、权力、资源，或是利益受到威胁，甚至也可能是因为金钱（答应付钱买货，给中介一些甜头，或是真的提供贿款）。

对于这些报酬，博弈论研究者不加以道德判断，而是一律归类为"补偿给付"（使对方跟你站在同一阵线，不要脱离联盟的报酬）。甚至连你付给店家的钱，也算是一种补偿给付，好说服他们合作，一手交钱，一手交货。

有些补偿给付看起来十分公正，而有些看来就不太道德，但无论如何，事实就是，多数人一定要能从联盟得到些好处才会想合作，愿意加入联盟。

如果联盟牵涉的不止有两方，情形就更复杂，但道理相同，只不过联盟的选择变多，就算只有三方，就已有三种不同方式，可以让其中两方结盟，共同对抗第三方。而在委员会、商业组织与社会组织甚至是家族这些较大的团体中，就会不可避免地形成派系，很多小说都在描写派系的钩心斗角、背后捅刀、流言蜚语、投靠敌营，如果你翻翻报纸，也会读到许许多多的相关报道。

要是蚂蚁、蜜蜂、黄蜂也有报纸，上面大概不会有这种报道，因为在它们的基因中，就内定好要组成"大联盟"（grand coalition），所有个体都是其中的一分子，而且毫无逃跑的权限。至于我们人类，还是想保留一点个人特质，所以采取的方式就是提供补偿给付，好让个人愿意在各个小群体中合作。但这只是麻烦的开始。开始合作后，我们还得想办法维持合作，而这绝非易事，特别是因为我们从不会真正彼此信任。

承诺

有没有什么方式，可以让人在缺乏信任的情况下，仍然对组织保持忠诚？第 2 章里我曾提过，在各方无法或不愿沟通的情形下,最可靠的方式就是建立起能够自行运作的协议。简单来说,这就意味着协议必须是一个纳什均衡,各方只要独自逃跑就会承受损失,因此不得不合作。如果各方愿意沟通协商,纳什提出了另一种特殊的协商方式,被称为"纳什谈判解"(Nash bargaining solution)。以下我们来对比两种方式的异同。

陷入纳什均衡,不得不合作

纳什均衡有时候可以用来将我们锁定在一套协调、合作的策略之中,任意一方独自改变策略都得不到好处。哲学家大卫·休谟曾提出很好的例子:有两位划船手坐在船的两边,各持一桨,"两个人划船靠的是共同的习惯和利益,不需要任何承诺或合约"。双方共同的个人利益促成联盟关系,偷懒不会有任何好处,只会让船原处绕圈,因此这种联盟便十分稳固。两人陷于纳什均衡中,但这种情况又恰好是协调、合作的解决方式。

在合作方面,纳什均衡不见得总是坏事。虽然从第3章看来,纳什均衡常常让我们陷入社会困境,但总有某些情形(如前面划船的例子,或是两人在人行道上迎面相遇的例子),

合作、协调的解决方式会形成纳什均衡，而在这些情形中，就没有社会困境的问题——只要找出适当策略，便可以解决一切！

这些情形的理想结果，就是找出"最省力的合作方式"，在完成任务的同时，无须投入多余的精力。用博弈论的行话来说，最省力的合作方式也是个有效率的策略选择，因为再也没有其他方法可以让某方得利而不损及他方（在经济学上，这被称为"帕累托最优"）。

很多情形中，"最省力的合作方式"正是最佳的解决方式，如促成国际和平协议，希望让竞争者签订商业合约，甚至只是做家务。巧的是，就在我写到这章的时候，我和太太也恰巧针对最后这一项进行了一场朋友口中所说的"意见交流"。

我们的主要争议点在于：如果朋友要来拜访几天，房子得先打扫到什么程度？她认为这可是大事一件，不可忽视，而我觉得只要吸吸地板，再换一下浴室里的毛巾就可以了，接着就可以坐下来看看网球赛转播，这样不是很好吗？她听到我这种想法，就像是斗牛看到那块红布，开始列举出更多"早该做完"的家务活。接下来的情形，只要是有经验的老夫老妻，大概都不难想象。

情况在短短几周后有了一百八十度大转变。我们的策略是：她列出希望我在朋友来访前做完的事，而我同意将这些事完成，但前提是她不会再有其他要求。从此之后，家中一片祥和喜乐，因为我们找到了最省力的合作方式，处于自己创造出的纳什均衡之中。这办法的确有效！太太对家中状态相当满意，而我也能安心地看几场网球转播了。

然而，合作的纳什均衡也不是万灵丹。很多时候，最省力的合作方式不止一个，而且并不好选择。例如人行道的例子，双方得协调动作，才不会朝同一边靠。虽然双方的确可以站定位置，好好来一场协商以达成协议，但大概也没必要那么夸张；大多数人就是看看对方大概想怎么动作，再随机应变就好。

正如第 3 章所说，经由这种暗示所达成的纳什均衡叫作"谢林点"，另外也提到我曾经做过的一项实验，其中有一个做法是放出假线索，目的是要看看没有谢林点会如何。结果显示，没有这种暗示，就很难在两个合作的纳什均衡中做出选择。

那么，如果有许多纳什均衡，甚至多到无穷无尽，又会如何？有没有哪个纳什均衡比较好，可以透过理性协商来达成？

纳什谈判解

弟弟和我分烟火的时候，其实也可以通过理性协商。除了运用"我切你选"策略，爸爸也可以要我们自己商量，再告诉他，我们要各分多少比例。另外，爸爸可以强调：如果两个人想要的比例相加超过100%，就统统没收！

当年，纳什在2000英里外的普林斯顿大学，也是刚刚提出了类似的谈判方法。他体会到，只要双方的要求相加正好是100%，不论分法为何（100∶0除外），都可以形成纳什均衡情形。例如，如果我告诉弟弟："不管你怎么分，我要拿70%。"而他也真的吃这一套，他能做的就是最多拿到30%，而且如果我们其中一人想拿更多，就会两败俱伤。

但在协商过程中，他也可能回应说："我才该拿70%，哪有你讲话的余地！"而如果我又真的接受他的说法，我能做的，最多也就是拿30%。

面对这种僵局，有没有理性的解决方法？纳什就找到了：纳什谈判解。纳什谈判解可以用来处理两方以上协商分配有限资源的问题，前提是，各方分到的总和不得超过100%，否则便同时丧失资格。在这些条件下，理性的各方总能找出使

"效用函数"（utility function）的乘积最大化的分配方式。[1]

换言之，各方会找出各种可能的分法，再比较一下如果多要一点儿会如何，最后选择各方数字相乘能得到最大值的分法。例如双方要分100美元，如果只考虑金钱价值（效用＝金钱价值），理性判断就是各拿50美元，因为50×50=2500，而其他分法的乘积都小于这个值（例如99∶1，相乘的结果就只有99，而就算是51∶49，乘积也只有2499）。

这种做法乍看之下，似乎和现实生活有很大差距，但其实并没有。例如协商购买电视广告或其他营销方式时，就常用到纳什谈判解。已经有人运用纳什这种以理性谈判来分配的绝妙方式，设计出新的拍卖形式，并且用在广播频率的分配上。

史上第一场广播频率的拍卖是在1994年，于美国华盛顿特区的欧尼肖雷汉姆酒店宴会厅举行，最后拍卖总价约6.17

---

[1] 要让纳什谈判解达到最佳结果，纳什列出四个条件：
a. 刚好分完所有资源。
b. 决定分法时，并不是依据各方对资源的效用评估。
c. 某些原本就不会被选择的选项，无论是否存在，都不影响最后结果。
d. 即使各方位置互调，分法也不会改变。

亿美元。同年稍晚，另一场拍卖总价飙至 70 亿美元，被《纽约时报》专栏作家威廉·萨菲尔评为"史上最成功的拍卖"。其后的一连串频谱拍卖，已改在网上进行，至今总价超过 1000 亿美元。

这种方式的好处之一，就是让"策略竞标"（所谓策略竞标，就是虽然出价者可能根本不想要某些频率，却仍然出价竞标，好让对手无法得标）成为赔本生意。所有参与最初那场拍卖会的人都表示，他们对结果十分满意，而相对的例子出现在澳大利亚及新西兰，两地大约同时举办了类似的拍卖，但没有采取纳什谈判解，结果惨败，损失惨重。现在，纳什谈判解已得到普遍认可，认为的确有效。

拍卖会设计现在已广泛运用到各式商品及服务的销售，包括电力、木材甚至是污染防治合约。尽管如此，如果说博弈论已经找到所有问题的答案还为时尚早。但有些怀疑论者，误以为博弈论可以用来合理化一切事物，例如策略分析家理查德·鲁梅尔特就曾嘲讽说："博弈论的问题就在于它能解释一切。如果一位银行总裁站在路中间把自己的裤子给烧了，也会有博弈论研究者说这很合理。"

管理分析家史蒂文·波斯特莱尔决定弄清楚鲁梅尔特的

"烧裤子推测"是否真实存在——结果发现,以博弈论为基础,还真能找出完全合理的解释(作为公开特技表演,吸引及留住客户)!

但波斯特莱尔也接着表示:"这种批评其实没讲到重点。博弈论是建立实用模型的工具,而不是经验上的实质理论;博弈论的力量,是将逻辑原则套用到我们所讲的故事上。"换言之,这项学问并不是要控制世界,而是帮助我们以全新方式了解世界,得到更多的合作机会。博弈论可以提供做决定的指引,让我们了解真实情形,而不是自动决策机,只要把所有事实输入就行。

理智与情绪

以纳什谈判解为例可以发现,就算没有真正的公平,也能达成可以接受的结局,只要各方能以真正理性的态度,从协商中追求自身的利益,就能为所有人找到独特的最佳方案。但我们真能那么理性吗?从一个再简单不过的"最后通牒博弈"(Ultimatum Game)可以看出,事实并非如此。

这项游戏主要用于心理实验，但偏偏真实生活中也常看到类似的麻烦事。实验者先给 A 一些钱或是物品，再请 A 分给 B 一些。B 可以接受或拒绝；如果接受，两人就能取走各自分得的部分，如果拒绝，两人就都两手空空回家。就是这么简单，没有进一步谈判这回事，而是一次搞定。

A 该怎么做？我们的直觉反应可能是尽量少给，反正 B 不接受的话就什么都拿不到。占优势的一方就常应用这种"不拿就拉倒"的协商战术，欺负弱势方，比如在劳动力剥削的情境下谈工资，就特别明显。

1976 年的电影《出头人》(*The Front*) 就是很好的例子。老牌谐星泽罗·莫斯苔饰演一位在麦卡锡年代被列入黑名单的演员，在完成了一场本就收入微薄的演出后，俱乐部老板又大砍酬劳，还冷嘲热讽："不拿就拉倒。你以为还有别人恳请你啊？"于是演员愤而自杀。

"不拿就拉倒"是有权有势者的武器。不过，这件武器交到"最后通牒博弈"的自愿受试者手中之后，却有了让专家大跌眼镜的发现。

实验人员发现，大部分时候，A 并不会吞掉大半，而是把大约一半分给 B，就算用的是真钱也不例外。更令人意想不到的是 B 的反应：如果拿到的不到 30%，他们常常会拒绝，宁愿和 A 同归于尽。

看起来，B 相当愿意承受损失，好给 A 一点教训。而且这种情形不只是出现在富裕的美国，就算是在类似印尼的发展中国家，要分 100 美元的时候，如果 B 的那份不到 30 美元，也常常造成破局，而这已经是他们两周的工资了！

如果不管人情，只讲理性，这种行为怎么也说不通。究竟出了什么问题？普林斯顿大学和匹兹堡大学的科学研究提出了一条线索。

科学家利用功能性磁共振成像技术（fMRI）观察当 B 接受或拒绝时的脑部活动，发现如果 A 提出的条件很低，B 脑中的双侧前脑岛就会十分活跃，而一般而言，如果人产生负面情绪，像是愤怒或厌恶，这一区域也会十分活跃。相对而言，如果 A 提出的条件很高，B 脑中的后侧前额叶皮质则会变得活跃，而这一区域则掌管着认知决策。

博弈论研究者马丁·诺瓦克认为，最后通牒博弈的参与者并非以理性来面对问题，他说这个游戏"试图与囚徒困境一较高下，也成了明显不理性行为的最佳展示品"。但如果去访问那些拒绝价低的人，他们的理由都一样：给那个出价低的人一点教训。

观察脑部活动的研究者表示："前脑岛和后侧前额叶皮质的活化程度，代表最后通牒博弈中的两种需求：情绪上要拒绝不公平，认知上则希望能拿到钱。"而他们提出的真知灼见是："如果要找出做决定的模型，就不能否认，对于真实世界中的决策和选择，情绪也是一项重要而且动态的因素。"

因此，必须将情绪列入考量。研究者也发现，最后通牒博弈里的金额越高，A 提出的分法就越接近 50 : 50，如果要说 A 的动机完全只基于所得到的奖励，这种做法就怎么也说不通。虽然也有可能说 A 是在追求公平公正，但有证据显示，恐惧感也同样重要：A 会担心，如果出价太低，就会遭到拒绝。而从实际情形看来，这种恐惧还真是起到了重要作用。

这些实验显示，想在各种得失之间达到平衡，就必须将情感也列入考量。但情感究竟应如何计算？虽然我的确也很想看看，人一边玩最后通牒博弈，脑袋又一边塞在磁共振成像仪器的大磁铁里面，会是什么样子。可是就算用上这些先进仪器，也无法让我们像量化金钱或物品一样来量化情感。然而，如果想计算"给刻薄的人一点教训"的快乐程度，倒是可以看看他们愿意为了这种快乐放弃多少价值的金钱或物品，而且看起来这代价还挺高的。

如果把这种快乐和其他情绪上的奖励或惩罚列入计算，看起来在某些情境中，纳什均衡就真的能将我们锁定于某些解决方案，达成合作。有些时候，靠外部权威来确保公平公正也是一个办法，例如让小孩交换礼物的时候。

不过，如果要真正在合作上有所进展，而且避开七大困境，我们还需要更有效的信任机制，才能采用合作策略来解决问题。但要做到这点，就必须找到建构承诺的第三种方式，也就是要找出真正令人信服的理由来相信他人，而且发展出明确的策略，向他人证明，我们值得信赖。下一章，我会继续讨论合作策略，并提出一些尝试。

有效的信任机制

第 6 章

不论是在博弈论的社会困境还是在真实生活中,如果我们不能或不愿相信他人,就可能带来悲惨的结果,而如果彼此信任,就能克服众多困境。

我最喜欢的一幅史努比漫画，画的是莱纳斯抓着他永不离身的毛毯，而查理·布朗的妹妹莎莉从后面偷亲了莱纳斯一下，他一时呆住，让史努比抢过毛毯逃跑了。莱纳斯叹了一口气说："如果连狗和小孩都不能相信，还能相信谁呢？"

这样看来，恐怕能相信的人还真是不多。但是，不论是在博弈论的社会困境或是真实生活中，如果我们不能或不愿相信他人，就可能带来悲惨的下场，而如果我们彼此信任，就能克服众多困境。只要有真正的信任，我们就能互相协商，协调策略，共创合作方案，而且因为知道对方不会为了私利而破坏协议，因此合作也能稳固不变。但偏偏我们常认为对方会作弊，而这种想法就会把我们困在纳什均衡之中。

有一个传说,罗利爵士(Sir Walter Raleigh)将自己的斗篷脱下,铺在泥泞的地上,好让伊丽莎白女王走过时不会弄脏了鞋,但这也要两人彼此信任才办得到。他相信她不会拒绝;她也相信他没在玩什么把戏,比如不会在最后一刻把斗篷给抽走。但今天可没这种事了。

我之所以这么肯定,是因为我试过了。一个雨天,我走在伦敦街上,有一位女士要通过一个水洼,于是我派头十足地把我的外套铺了上去,她一脸怀疑,瞧了瞧我和外套,迅速绕道而行。我在不同的水洼向不同女士做过这个实验,结果都相同:没人敢踏上去,怕是什么恶作剧。有些人还东张西望,以为能找到拍摄整人节目的摄影机。她们都不像伊丽莎白女王,都不愿意相信我是出自一番好意。

后来我说动一位朋友,在纽约做了这个实验。他的下场比我还惨,不仅遭人嘲笑,还被警察怀疑有诈,叫他赶快离开,别再骚扰路人。

我们要怎么做,才能向她们证明自己值得信赖?或许我们可以向史努比漫画里的露丝学学,她总是能让查理·布朗相信,自己不会在他跑过来要踢球的时候把球拿开。她有一次就说:"你看着我的眼睛,可不是一片纯真善良吗?我这么天真可爱，你难道不相信我吗？"查理·布朗心想："她说得没错，如果女孩的眼中充满纯真无辜，就该相信她。"然后他再一次被整，摔在地上。她看着他说："查理·布朗，你今天学到这个教训，在你未来长长的人生里，可真是太珍贵啦！"

大多数人学到的教训里，似乎通常"不信任"比"信任"来得好。虽然有时候的确没错，但在很多我们没注意到的地方，其实情形绝非如此。我们必须彼此信任，否则社会就会完全停摆。

根据芭芭拉·米斯塔尔在她的著作《现代社会的信任》里的说法，信任有三种功能，即减少社会生活中不可预期的情形，创造社群感以及使人们合作得更顺利。

我们对朋友、家人、爱人的信任，可以让我们的人生道路更平顺。我们所生存的社会，也是建构在信任的基础之上，如果缺乏信任，就可能崩塌。钞票不过就是纸上喷了点彩色油墨，不能吃，不能住，不能搭乘，不能当帽子或雨伞，但我们还是愿意相信它，完全陌生的人会接受这些"纸条"，然后换给我们可以吃的食物、可以住的房子、可以搭的交通工具、可以用的消费品。我们越愿意付出信任，生活就会越简单、越丰富。

博弈论可以解释背后的原因,步骤有三:

1. 面对各种问题(因追求私利而起,结果陷入七大困境中),参与者无法彼此信任,从而无法做出可靠的承诺,采取合作策略,于是,只能采取非合作的解决方式;
2. 但如果能找出合作的解决方案,原则上,任何非定和的博弈(大部分的社会互动都包括在内)都能转换成双赢博弈;
3. 结论:只要找到方法彼此信任,就算是最严重的问题,也能找到双赢的解决办法。

信任的源头

心理学和社会学研究已有证明,人性其实倾向于信任。发展心理学权威埃里克·H.埃里克森认为,人出生后的第一年会面临一个关卡,将会决定未来信任他人的程度,而关键就在于主要的照护者(通常是妈妈)。如果照护者能以可预期、可靠、充满爱心的方式来照顾婴儿,就会培养出孩子的信任感;否则,可能这个孩子在未来一生都会抱着对他人不信任的态度。

我们在不同情境下感受到的信任程度,影响因素是脑中分泌的催产素。催产素除了在分娩和哺乳时的作用,也能协助许多哺乳类动物克服想要"避免接触、以策安全"的天性。不论是伴侣关系、照顾母亲、性行为,或是许多动物个体之间建立社会依附关系的能力,都与催产素有关。有些心理学家将催产素称为"爱欲和信任"激素。

克莱蒙特研究生大学的神经经济学家保罗·扎克认为,催产素可能对各年龄层的人都有类似作用,于是便和同事一起设计出一个简单、漂亮的实验来验证。

他们的计划是改变催产素在脑中的浓度,看看会不会改变人类信任他人的意愿;改变催产素浓度的方法,是直接把催产素喷在受试者的鼻前,让催产素透过鼻腔黏膜进入血液,最后抵达大脑。他们会准备另一种不含催产素的喷剂,然后比较两种喷剂的结果。

实验人员让受试者来玩一个信任游戏。先给自愿受试的 A 一些钱,并告诉他可以选择把钱留着或是送给 B,如果 B 拿到钱,钱数就会变成三倍,这时会再请 B 把他认为应该回馈给

A的钱拿给A。

所以,如果A相信B会保持公平的原则,将最后的金额平分,两个人就都有好处,但如果没有这种信任,很明显A就会选择把原来的钱都留着。结果显示,使用催产素的受试者比较愿意将钱交出去,证明了这些受试者因为"催产素对个人造成的特别影响,愿意接受人际互动中的社会风险"。换句话说,这些人对他人的信任感提高了。

没过多久,网络上就出现了一则广告,写着:"想把信任装在瓶子里吗?请勿错过'信任之液',全球第一瓶催产素喷雾产品,效果有保障!"这种在伦理上大有问题的产品(而且原先的研究者与产品完全无关),广告词还写着:"专门为您量身打造,在约会和人际关系上助您一臂之力",并宣称也能让销售员和企业经理如虎添翼。我还真想不通,如果第一次见面,就有人想在你鼻子前面喷些催产素,情况会怎样?恐怕喷了之后,信任感反而会低到爆表。至于销售员和企业经理,大概还会吃上官司。

"信任"绝对没办法装在瓶子里带着走,"信任"是整个脑中机制运作的结果。有些科学家主张,信任是从两种平行机制中生成的:自私机制和社会机制。催产素只是其中一个因素，影响了两者间的微妙平衡。在自私机制方面，我们的马基雅维利式的智慧[1]让我们能彼此竞争，争夺伴侣、收入、地位等；而在社会机制方面，则是经过进化塑造，让我们能适应集体生活，合作行事。

几千年来，人类的大脑体积明显增加，但究竟是归功于自私机制还是社会机制，至今仍然众说纷纭，未有定见。然而有一件事可以肯定：我们脑中偏向马基雅维利的那一边，也就是要纯粹追求私利而不顾他人利益的做法，正是让我们陷入社会困境的原因；若是偏向合作、社会性的那一边，则能让我们逃出社会困境。

信任的进化

的的确确，我们脑中的社会机制是由信任所推动。但即

---

[1] "马基雅维利主义"（Machiavellian）现在变成"欺诈不实、鬼鬼祟祟、千夫所指"的同义词，但马基雅维利这位政治家主要想讲的是，如果想赢得权力并能够维系，"最好是赢得人民的信心，而不是依赖'力量'"。对马基雅维利而言，中心议题就是"信任"，只是他建议的方法有时重视实际多于道德。

使我们研究信任的运作方式,也很难看出过去是怎么发展出关于信任的能力和期许的,更别说是该如何刺激未来的发展。进化偏好的策略,往往是那些风险最小化的策略,而不是让利益最大化的策略,但信任却高唱反调。

如果付出信任,就得承担遭受背叛的风险。虽然安然渡过风险之后的利益很高,但反之则可能受害甚深。背叛信任,可能造成关系失和、金钱损失,甚至像在医疗情境中,如果信错了人,就可能失去健康或生命。而对于物种而言,如果信任用错地方,还可能造成绝种,例如渡渡鸟就轻信人类,让人得以走到它身边直接敲破它的头。

博弈论研究者将信任他人称为"报酬导向策略"(payoff-dominant strategy),换言之,这种策略看重的是特定情境中能得到的最大报酬。像是我家的母猫,每到吃饭时间就跟在我们脚边,就算拿到牛肉或羊肉,它也一口不动,只是坐在那边眼巴巴地向上望着我们,希望我们能心软给它一盘鲔鱼甚至是像雉鸡或珠鸡肉之类的好食材,才与它的身份相称。

邻居家那三只猫就恰恰相反,采取的是不信任的风险导向策略(risk-dominant strategy),以避免风险为主要目标,所以盘子里有什么就迅速扫光,以免有其他的猫过来偷食物。

在长时间的进化中，同一物种之中采取风险导向策略的那些成员，常常能够家族兴旺，而采取报酬导向策略的，存活机会则十分渺茫。例如我家的猫要是去隔壁吃饭，不改变策略恐怕就活不下去。

不信任是风险导向策略，而信任则是报酬导向策略。换言之，就简单的进化而言，不信任应该是主流。从天择的角度来看，最不信任他人的，生存的机会最高，因而把这种不信任感传给它们的后代。对这些动物而言，不信任才是确保族群稳定进化的稳定策略。

但有些情境下，信任反而可以带来进化上的优势，例如在比较小的社群中（例如家庭和部落），彼此信任就至关重要。进化让我们同时有信任和不信任的冲动，永远在我们脑海中互相拉扯，而裁判就是日常的学习和生活经验。要合作，第一个条件是信任，但还有第二个条件：信任必须有其道理。如果要学会如何合作，除了要了解何时以及如何信任他人，也要知道如何赢得他人的信任。

想知道何时以及如何信任他人，并非易事，因为光是看到他人的承诺，其实很难判断是真心还是假意。有些人说可以从肢体语言判断，但实验显示，这种说法往往没有什么根据。

在一项实验中,英国心理学家理查德·怀斯曼请一位知名节目主持人录了两段节目,一段是真心描述自己最爱的电影,另一段则说谎,说他最爱的是另外一部片子。接着,怀斯曼请看过节目的人来猜哪段是真心,哪段是谎言。结果只有一半的人答对,比起乱猜也没好到哪去。

对于我们这种想靠直觉来分辨事实和谎言的人来说,这可不是个好消息。直觉可能会让我们大失所望,例如社会上总是常常有人受骗。以下是我觉得最搞笑的几种骗局。

- **赌场外的赢家**。赌场外面,有人拿着一大袋高面额的筹码,告诉你他被赌场赶出来了,所以没办法兑现,如果你可以帮帮忙,他愿意给你分红。但为了防止你独吞,他得先有点预防措施,比如拿你的钱包做抵押。你进了赌场,才发现筹码都是假的。
- **网络骗局**。关于私藏钱的骗局种类很多,大致上都是让你相信有个人藏了一大笔钱,但他自己拿不到,如果你帮忙的话,可以分红。
- **浪漫陷阱**。这在网络上也屡见不鲜,寂寞孤单的人以为找到了真爱，结果"爱人"狮子大开口，说要偿还一些根本不存在的债务，或是支付旅费好跟受骗人相会，结果当然是根本见不到面。(如果见到了，受骗人搞不好还会吓一跳，因为这种骗子常常是男人冒充女人。)
- **快速致富的美梦**。这种骗局包括各种连锁信、传销、假加盟、致富计划、"××心灵导师"给你的建言，还有要你投资无用的产品之类，列都列不完。

当然，最早的骗局是威廉·汤普森在1849年的创举。他穿得人模人样，找有钱的纽约人聊天，话中透露出大家都不信任他，实在令他感到很难过。接着他就问："你愿意相信我吗？我能不能借一下你的表（或是钱包之类），明天一早就还你？"被害人往往觉得汤普森看来十分诚恳，于是将东西借给他，而他则一去不回。

现在很难相信，怎么会有人相信这种事，但看来还真是有不少人上当，被汤普森的外表所迷惑，于是直觉判断这人诚实可信。我自己则是在一个澳大利亚的国立研究机构工作的时候，一不小心也耍了一次类似的把戏。那次我走进其中一个研究单位的图书馆，既没带身份证件，馆员也不认识我，但馆员还是让我借了几本很珍贵的书。我离开的时候，听见有人问："他是谁啊？"馆员回答："我也不认识，可是看起来不像骗子。"

在这个案例中，馆员的直觉一点儿也没错，因为我最后的确是还了那些书。但光靠直觉远远不够，甚至让人误入歧途。那有没有更好的解决办法呢？

可信的承诺

博弈论研究者面对信任问题，解决的方式是以"可信的承诺"作为标准，各方提出承诺时，要设法证明自己的承诺值得信赖，让他人就算不相信这个人，也愿意相信这项承诺。像是露丝可以自愿将一双手绑在背后，这样查理·布朗跑来踢球的时候，她就没办法用双手把球拿开，如此一来，查理·布朗就有理由相信她，而不是只能看她的眼睛。

博弈论研究者提出两种方法，就算原先没有信任的默契，也能让你的承诺看起来十分可信。这两种方法的共通点就是限制自己的选择，而且要让对方知道。像是露丝的限制，就是把一双手绑在背后,这么做的重点,是让查理·布朗可以信赖她不会用双手把球拿走——不是因为她不会这么做,而是因为她没办法这么做。

这两种基本的方式是:

1. 让自己日后反悔的代价提高,高到负担不起;
2. 甚至做得更绝,刻意不留退路,让自己无法改变心意。

让自己日后反悔的代价高到负担不起

以下有六种大策略方向,如果使用了这些策略,却又改变心意而未能履行承诺或应对威胁,后果小则丢脸,大则不堪设想。

1. **以名声为代价,未实现承诺则有损名声**。我们常常这么做而不自知。例如舞台剧演员,如果随意缺席演出,以后可能就再也接不到戏;而吓吓小孩说要打,或是说要给糖当作鼓励,也属于此类。像我父母在我小时候把我的小狗送人,说小狗把花圃刨得乱七八糟,并且答应我会让我养小鸡作为补偿,我相信了,但一直没等到鸡,从此我就再也不相信他们的话了。

2. **一步一步来**。将承诺或威胁细分为许多步骤,这样一来,随着时间的推进,大部分步骤都会完成,就像盖房子,屋主或开发商也是分阶段将钱付给建筑工人。但这里有个陷阱,如果你知道这是最后一步了,就可能反悔。例如开发商可能在房子盖好之后,拒绝支付工人最后一笔款项,这样工人要么少拿一笔钱,要么就得负担将开发商告上法庭的费用。房客也可能不付最后一个月的房租就逃跑,这正是我当房东的亲身经历。这里的重点很明确:尽可能将步骤(至少是最后几步)加以细分,以减少损失风险。

3. **团队合作**。这又是拿自己的名声来当筹码,因为如果让团队中的人失望,他们可能就再也不会信任或接受你,甚至将你永远赶出去。这就曾发生在我身上。我当时是教会的足球队员,但练球有点懒散,没有全心投入,最后被迫离队。我当时觉得,这大概是最糟的下场了!(但罗马士兵可能不这么想,因为他们只要在攻击中畏缩不前,就会招来杀身之祸,而为了要让这种残酷的惩罚贯彻执行,如果有人放过在战争中畏缩不前的人,也算是犯了死罪!)

4. **建立起"不靠谱"的人设**。这可能听起来有点不切实际,但也有意想不到的效果。如果大家都觉得你不靠谱,有时候反而可以从中得利。我还是个理工学院大学生的时候,有个化学系的同学,从一家知名涂料公司领了大笔奖学金,但他还真是个疯子:他有一次从实验室的一头,把乙醚倒进水槽里,再跑到水槽的另一头,点了一根火柴放在水管口,想看看需要多久,乙醚蒸气才会扩散到另一头而引发爆炸。帮他付学费的公司听到这件事,决定放弃当初和他签订的就业合约,于是他这种"行为不靠谱"的人设,成功让他在毕业之后躲开那份薪水不多的工作(白拿了一笔奖学金)。

5. **订下合约**。有些合约完全无法反悔,就像是浮士德和魔鬼签的合约一样,然而大多数的合约都还是可以再协商的。为了强化合约的约束力,便需要额外的条件,如违约条款,执行违约条款的人或法人团体必须有充足的理由负起这份责任。例如,有位负责地方城市规划的官员接受贿赂,即使规划与合约的要求完全不符,他也睁一只眼闭一只眼给予通过,违约条款完全失去作用。

6. **使用边缘政策**。站在银行柜台前的男人大吼:"把钱袋拿过来,否则我就开枪了!"这样的威胁,可信程度有多高?这时的重点大概不是可信度,而是代价问题,万一威胁成了真实的行动,代价就实在太高了,而这也就是边缘政策的重点。这个词是在1956年冷战高峰期,由美国总统候选人史蒂文森所创,用来批评当时的国务卿约翰·福斯特·杜勒斯"将我们带到了核战深渊的边缘"。我在这里讲到边缘策略,只是想表达一下,可信的承诺有时候就是要让逃避或反悔的代价变得很高,而这也是方法之一。但在现实生活里,用这种方式来达成合作,未免太夸张了!

刻意不留退路

大致的方法有三种,其中最后一种最恐怖。

1. **第三者代管协商**。如果是具有法律约束力的合约,这里的第三者就是法律。而很多时候,虽然还没有正式到法律合约的程度,但仍然算是个协议合约。像是弟弟和我分摊家务的时候，我们的口头协议也可以算是合约，而之所以还会有违约的问题，就是因为我们把约束力交给第三者——我们的爸爸！

2. **破釜沉舟**。把信投到邮筒，或按下电子邮件的"发送"，或手机留言后按结束通话钮，或是写下遗嘱，都是破釜沉舟的表现。做完了，就不可能再更改了。如果承诺没有后悔的余地，这样的承诺就算是可信。破釜沉舟的方式很多，哲学家维特根斯坦想过一种清心寡欲、不受金钱牵绊的生活，便采取了一种不寻常的方式：将他的大笔财富经过精心设计分给各个亲戚，如果他们想还钱，都会承受巨大损失。而率领西班牙舰队入侵阿兹特克的科尔特斯，把船凿沉的时候，也是用一种夸张的方式来限制自己的选择，表现出置之死地而后生的勇气。我的两位朋友决心要高空跳伞的时候，则找到另一种方法。当时两人吓得要命，都说："你先跳，我再跳。"但两人又都不相信对方真的会跟在后面跳下来。最后他们让这个承诺获得信任的方法，就是两人都握住对方的手腕，只要一个跳了，另一个就不得不跟着下去。

3. **让命运来决定**。这里并不是说丢硬币或掷色子,而是采取某些行动,然后等待着无法确定也无法改变的未来。在柏格曼导演的精致感官喜剧《夏夜的微笑》(*Smiles of a Summer Night*)里面,就有一个经典例子:俄罗斯轮盘赌游戏。两位男士为了争取同一位女士的爱,决定用这个危险的游戏来解决问题,在左轮手枪的六个弹槽中装进一颗子弹,在不知道哪一槽才有子弹的情形下,两人轮流朝对方开枪。电影画面中只呈现了案发现场那栋夏季度假小屋的外观,而在一段久得叫人难耐的寂静之后,传出一声枪响,不久之后,先有一个人走出来,大声笑着,接着另一个人也走了出来,脸上都是黑色的粉末。原来,第一个人在枪里装的是空包弹。

慷慨和利他主义

只要承诺可信,就算各方之间没有潜在的信任,也能成功。但如果能培养出潜在的信任,合作就更简单。问题是要怎么做。

要得到信任，方式之一就是对别人慷慨大方一点，不要求回报。慷慨常常算是利他行为的一种；"利他主义"单纯就是牺牲自己，帮助他人，而慷慨则还隐含着"大方给予"的态度。著名苏格兰歌手劳德可是既不利他也不慷慨，他有一次在爱丁堡的街上碰到慈善募款，硬是"捐到心痛"。据说他眼含热泪回答道："这位女士，我光想想就痛了。"

但对我们大多数人来说，并不会痛得那么夸张，因为利他行为会获得回报——甚至连慷慨的行为也会。这种观点可以用我最近在悉尼公交车上看到的标语来解释，上面写着："多为别人想，也能让自己快乐。"这种感觉类似于信任，与脑中催产素的浓度有关。虽然不能太过简单地说我们的感觉都是由脑中的化学作用和生理作用所掌控，但这的确是重要因素之一。有证据显示，积极参与慈善活动会使脑中的相关区域变得活跃。慈善团体知道有这种反应，也就好好利用了一番（而这也没什么不合理的）。

这种"有所贡献"的良好感觉当然也会激励科学家，许多科学家为了科学进步愿意做出经济以及其他方面的牺牲。对科学家而言，做研究的奖励来自与其他科学家交流和学习，但还有很多其他好处，对每个人的重要性因人而异。一个好处是理解的喜悦，这也是绝大多数人的主要动力。第二个好处是同行的认可。另外，对某些人而言，也可能（偶尔）得到一些金钱上的奖励。但到头来，许多科学家觉得最好的奖励，却是"有所贡献"的利他感受。

科学家发表各种研究成果，就像是在沙滩上留下足迹，也代表各种发现能够自由流通。像这样共享成果的想法，在科学家中间营造出强烈的信任氛围。但也正因此，每当有科学家出于虚荣而作假，总是叫人格外吃惊。曾经有位科学家宣称已经成功将一只黑鼠的小块毛皮移植到一只小白鼠身上，但他其实只是拿笔把小白鼠涂黑，结果这个骗局让移植医学界的发展倒退了好几年。

信任关系

由于科学具有开放性，能够验证审视各种主张，因此可以找出骗局。科学家之间能够保持信任，也是因为科学家是一个紧密的小社群，而维系的力量就是信任。在很多文化中，信任也发挥着类似的作用，以日本为例，弗朗西斯·福山在《信任》一书中写道："整个日本经济的各个层面，都可见到基于礼尚往来而形成的道德义务网络，即使是无关的人之间，也能产生高度信任……本文化中的某种特质，让人彼此之间容易形成礼尚往来的义务，而且能够维持相当长的时间。"

早期澳大利亚拓荒者之间也可见到类似情形，只不过名称叫作"伙伴关系"，定义则是"强调平等与友谊的行为准则"，这是恶劣环境下的一种生存机制，维系的力量就在于无论遇到什么情况，伙伴们都不能让彼此失望。这里的重点不在于自己是否信任对方，而是要把伙伴看得比自己更重要，继而赢得他人的信任。

但伙伴关系的另一面是（现在仍然是）沙文主义、侵略主义、种族主义，原因可能是圈子之外的人没有赢得圈内人的信任。政治家、科学家罗伯特·D. 帕特南在《独自打保龄球》一书中研究了人类这种不相信外界人士的倾向，并找到确切证据，认为社群中的族群越多元化，不信任感也就越高。某些人可能会特别失望，因为在他们的思想中，长久以来，文化多元性应该能让人更懂得体谅和信任，鼓励创意，提升经济生产力。

帕特南的研究叫人吃惊的地方在于,对外界的怀疑,并不会使得内部更团结,而是相反。他访问了很多不同社群的人对彼此的信任程度,除了发现人们对不同族群的人较不信任之外,还发现整个社会里的族群越多,就算是同一族群的人,彼此的信任度也会下降。

帕特南在2006年的一场演讲中便主张,我们必须学习适应多元性:

> 接下来数十年,多元族群的情形还会在所有现代社会中大量增加,部分原因是移民。我们无法阻止移民和多元化,而长期来看这也是好事;如同美国历史所揭示的,整体而言多元族群是重要的社会资产。但就中短期而言,移民和多元族群会挑战社会团结、抑制社会资本……移民社会(在过去)已经克服这种分裂的情形,方式是建立起新的、跨族群的社会团结,以及更包容的身份认同。

有一种方式可以建立起各社群内的信任,而且有时候看来可以克服种种困难。举个例子,太太和我在2007年到访克罗地亚。克罗地亚人在过去十年和塞尔维亚人长期发生冲突,因此在我们走过的几个村子里,房屋上弹痕遍布。但神奇的是,这里的主体居民仍然包含了克罗地亚人和塞尔维亚人,就是以前的村民族群。因为他们认为自己是同一个村子的人,长此以往,这种认识就成为社会的凝聚力,跨越了种族间各种愤怒和怀疑的分化力量。

看起来,帕特南所谓的"跨族群的社会团结,以及更包容的身份认同"的确发挥了功效,成为促进信任及合作的工具。

不信任的障碍

然而,"更包容的身份认同"从更广的角度来看,有重大的缺点,因为如果认同某个团体,就不可避免地会轻视不属于该团体的人;从历史上看,重大冲突的主要原因,往往是种族、文化、宗教上的差异。

20世纪前半叶的大思想家都认为,要避免这种冲突,唯一的办法就是成立世界政府，博弈论研究者则称之为所有国家的"大联盟"，但不管名称怎么叫，保证都不会成功。

想让所有国家、种族、宗教都走向同一方向，不啻为天方夜谭。博弈论研究者已经告诉我们，不同的团体常常相信，在合作时作弊而追求自己的目标，可以得利更多，但最后会落入囚徒困境或是其他社会困境之中。

不信任的情形实在太多，连欧洲议会或联合国之类的国际组织都束手无策。《欧盟基本权利宪章》只能"郑重宣告"各种普世价值和人权，却没有法律上的约束力，原因就在于各国无法达成信任，将这种权力交到别人手中。《联合国宪章》也说要"免后世再遭战祸""重申基本人权""维持正义，尊重由条约与国际法其他渊源而起之义务"，以及"促成社会进步及民生之改善"，但如果看看那些签署了《联合国宪章》的国家，发生了多少战争和侵犯人权的事件，就能知道联合国多半失败而少有成功。

讲到信任，有很多相关因素，如教育、道德领导、承认他人的权利，以及跨越内在心理障碍，不胜枚举，而博弈论在其中的角色，就是建构并锤炼出能够带来信任的策略。

除了前面所举的各种策略（譬如订下合约，第三者代管协商，等等），还有两条：使用仪式以及直接付出信任。这两条都符合博弈论研究者的要求，应该可以带来可信的承诺。

仪式的力量

想得到信任，一种方式在于限制自己的选择，而办法之一就是将这种限制转为仪式，公开举行，诏告天下。如果仪式还能带有社会压力或宗教信仰，力量就会更大。

自然学家大卫·爱登堡就提过一个有趣的例子，他刚开始当外景主持人的时候，到过位于太平洋的瓦努亚·姆巴拉武岛（Vanua Mbalavu）。"我们拍了一种很少人知道的捕鱼仪式……很多人连续游泳数小时，搅拌湖底积泥，好释放出沼气（硫化氢），让湖水变成微酸性。几乎就在那一瞬间，湖面上到处都有鱼跳出水面。将这种事件仪式化，交给祭司控制，好处相当明显：湖其实并不大，没有限制的话，鱼恐怕一次就捕完了。"

这种独特仪式的目的非常明确：保护湖中水产的供应量。早期的人类学家，例如詹姆斯·乔治·弗雷泽，认为所有的人类仪式都有类似的实质目的,但这种说法并非人人同意。例如,维特根斯坦就认为弗雷泽忽略了仪式中的表现和象征性作用,认为只有研究仪式对生活已然产生的内部意义,才能真正了解仪式。

目前的证据显示,人类的公开仪式其实两种目的都有,可以让公众抒发情感,也能让参与者完成特定目标。例如结婚仪式就能满足情感上的愿望,既能公开表达爱意,也让双方承诺某种实质义务关系。早些时候,社会压力能确保这种承诺可信,不过当时的承诺和现在也有所差异。例如,现在只有很少数的女性会在结婚之初就将名下所有财产转给丈夫。

但有些时候,旧仪式还是有用的。例如英国萨默塞特郡每年都会举办皮迪绵羊节(Priddy Fair),买卖绵羊和马匹。买卖马匹的时候,卖马的吉卜赛人只要拍一下手,就代表已经成交,如果买方还想讨价还价,恐怕就会吃苦头。在有些国家,如果房子的买卖价格达到双方接受的特定价格,可能只是仪式性地握一下手,就代表具有约束力的合约已经成立,卖方依法必须以该价格将房子卖给买方。

在这两种情况里,这个承诺都属于可信的——卖马的例子中,社会压力会惩罚想作弊的人;买卖房子的例子中,则是由法律来加以惩罚。如果你表现出自己承受到这种压力，就能表明你的承诺可信。但有的时候，根本就不需要有什么压力，只要表示信任就够了。

迈出信任的第一步

人际关系咨询师常常强调信任在亲密关系中的重要性。信任代表两件事：接受（"我能相信这个人会接受我吗？"）以及承诺（"我能信任这个人会信守承诺吗？"）。

在范围较大的社会关系中，信任也同样具备这两种意义。如果想让自己的承诺看来可信，有一种出人意料的方法：先让对方知道，就算他还没证明自己值得信赖，我们也愿意信任他。这种方式可以起一个信任的头，让对方也愿意付出信任作为反馈。政治理论家兼哲学家菲利普·佩蒂特把这称为"展现信赖的起头效力"，哲学家豪斯曼则说这是"信任机制"，不论怎么称呼，这已经慢慢成为我们日常生活中的一件大事，除了推动经济，也促进了更广泛的团体合作。

有时候，我们信任他人是出于自然，而非刻意，例如在公共场所掉了东西，就会不自觉地相信捡到的人会把东西还回来。《读者文摘》曾经做过实验，测试这种希望究竟有多大机会能成真。研究者在世界各大城市随处摆了总共960部中价位手机，再隔着一段距离拨电话到手机上，然后观察有没有人会捡起手机，接通电话，并把手机还给失主。神奇的是，总共有654部手机最后物归原主，代表信任机制还真有几分道理。

各大城市之中，斯洛文尼亚的首都卢布尔雅那的市民最值得信赖，30部手机中有29部都还回来了；纽约也差强人意，30部手机中有24部物归原主；我的家乡悉尼有点令人失望，30部手机中只见到19部的踪影，但至少还赢过以美德闻名的新加坡，30部手机中只回来16部；而中国香港30部手机只剩下13部。

民众归还手机的理由相当发人深省。最常见的理由是，他们自己曾经掉过某件价值不菲的物件，不想让别人也感受这种痛苦。父母亲的家教方式也有两种，有一位其实相当穷困的巴西妇女解释说："我可能没什么钱，但我的孩子一定要知道诚实的美德。"而一个新加坡小朋友的理由则是："爸爸妈妈说，不是自己的就不能拿。"

如果用上博弈论研究者的"效用值"概念,这些解释都说得通:对这些人而言,不论是因为归还手机令人感觉开心,还是私吞电话让人良心不安,两者都打败了手机本身的物质价值。从这个结果来看,信任机制的实际运用也是大有可为,只要选对情境,付出信任也不一定会吃亏。

选择情境常常得靠经验,但令人意想不到的是,如果我们不顾一切、完全信任,也常常会得到对方的信任。

我有一位前同事就有这种经验,她从学术界跳槽到了另一行业,接着就和一群新同事被派去参加为期一周的人际关系成长训练营。他们刚到,教练员就要他们统统站上一根横跨浑浊小溪的巨大圆木,而我的前同事刚好站在最尾端。

接着,教练员告诉她,要她想办法走到另一头,而且不能掉进溪里。她唯一的做法就是要信任其他每一位伙伴,让她能借着他们的协助抵达彼岸。她后来说,那大概是她这辈子最紧张的一次经验。但很多参与过这类成长课程的人都知道,这还真行得通。博弈论研究者也许会说,这是因为付出的信任会得到他人的回报。

这种"付出信任就会得到信任"的循环,构成平等互惠的团环。如果条件无误,信任就会开始生长。政治理论家佩蒂特对这个过程是这么描述的：信任在人际间具体成形，最终足以让人开始相信彼此，使得信任成为合理的态度选项；于是信任也就存留在人与人之间，证明相信彼此是正确的选择。

这是一种循环的逻辑，就像是中世纪神学家安瑟姆（Anselm）对基督教信仰的主张（"不是理解了才能相信，而是相信了才能理解"）；安瑟姆在还不理解的时候，就愿意相信，于是才能进入这个循环。博弈论会说，在信任的循环里，最好别管对方是否值得信任，就先自己付出信任吧。

选择付出信任以显示自己的承诺可信，其实就是赌运气，也许不巧对方不值得信任，而让你遭受损失，但只要展露信任的举动，就已经能影响结果，因为这代表对方已经得到些什么（你给了他们正面评价），而他们不想白白损失这项所得（用博弈论的话来说，这是他们先得到的"奖励"）。就算他们还没有做出什么值得你信任的举动，你先付出信任，情势就已经对你有利，而且能使他们也更值得信任。像是在工作中，因相信某人而将一项任务交给他，也的确能让他更为负责。

在咨询师与案主的关系里，信任特别重要。我的太太是一位心理咨询师，她采用的是卡尔·罗杰斯的以人为中心的治疗方法，强调无条件对案主表现出积极关注的态度。我有几次和她一起去参加他们工作室的活动，就体会到罗杰斯式的那种真诚与信任。参与者围成一圈，如果感觉对了，就向大家吐露自己心中的秘密，而一旦大家看到别人愿意信任自己，分享个人的经历，也就变得愿意分享自己的小秘密。我也没想过会亲口讲出自己的秘密，因为他们信任我，所以我也愿意信任他们。

付出信任，有时候会有意想不到的效果。我参加了一个叫作"漂书"（BookCrossing）的组织，成员将自己看过的书留在公共空间，让无意间发现这本书的人也可以享受闲读的乐趣，再传给下一个人。书皮上会贴一则信息，告诉拿到书的人这套模式，并提供一个网址，让读者上传自己的意见和评论。大部分书就这样流动不息，有的甚至在转过几十手之后，又回到了原先的主人手上！

信任机制的功效与情境有着密切关系。如果有人想如法炮制，来个"漂汽车"运动，我想大概是行不通的，就算只是"漂自行车"，恐怕也得配合严厉的罚款之类，才能成功。1993年，英国剑桥曾经试行过社区自行车计划，提供公共自行车让民众在城内自由使用,骑完就停下让别人接手。但这项计划没能维持多久,总共300辆自行车在第一天就被偷光,该计划也就再无下文。

很多人相信,这项计划之所以失败,是因为剑桥有太多专门偷自行车的贼,而他们才不管别人对他们的看法。类似的计划在其他一些地方倒是相当成功,部分原因是剑桥这件事让其他人吸取了教训,而采用了某些保障措施(例如在自行车上装电子呼叫标志),既提高了受罚的概率,又降低了因作弊而受益的概率。

我们的确常常能跨越不信任的障碍,找到方法来赢得信任,并维持信任,但如果希望合作长久,就需要其他策略。

1986年,博弈论研究者阿纳托尔·拉波波特就找到其中另一项关键,形式上就是"一报还一报",依照对方的行动来回应,如果对方合作,我也合作;如果对方作弊,我就以不合作来报复。如果双方未来还会常有往来,这套策略就十分有用,因为虽然作弊或许可以让人大捞一笔,但如果受害者有机会报复,最后算下来恐怕不见得划得来。很多物种都会用"一报还一报"的策略,以保持团体成员的相互信任。

"一报还一报"可能会带来"你帮我挠背，我也帮你挠一挠"的合作方式，但也可能招致"以牙还牙、以眼还眼"的冲突。正如许多目前看到的社会及国际冲突一般。博弈论研究者和其他学者都曾认真思索，怎样才能让这种策略带来合作、避免冲突？我会在下一章提出我调查研究的结果，以及从中得出的结论。

一报还一报

第 7 章

我们的确常常能跨越不信任的障碍，找到方法赢得并维持信任，但如果希望合作长长久久，就需要制约策略。博弈论研究者将其总结为"一报还一报"，即依照对方的行动来回应，如果对方合作，我也合作；如果对方作弊，我就以不合作来报复。

我7岁生日的时候,爸妈送我一本维多利亚时期的童话故事书《水孩子》当作礼物,而我也从故事里面的两个角色,学习为人处事的道理,分别是"推己及人夫人"以及"以牙还牙夫人"。

这两个角色的道德观南辕北辙,但都是基于"一报还一报"的原则,如果双方会不断往来,就用得上这种策略。博弈论研究者发现,如果想逃脱七大困境,达成合作,不断往来是关键。因为害怕未来遭到报复,现在就不会作弊;而如果现在合作愉快,未来合作的机会也就大增。

"推己及人夫人"和"以牙还牙夫人"象征两种促成合作的方式,前者用的是奖励,后者用的是威胁。《水孩子》的主角是扫烟囱的小男孩汤姆,他跌落河中,变成了一个水孩子,而这两位夫人就成了他的道德教母。"推己及人夫人"真是很像我妈，老是唠叨："想要别人怎么对你，就先这样对人家。"就算汤姆没照着规矩来，她也不会直接责罚，而是给他道德上和情绪上的压力，让汤姆知道自己违规让她多伤心，从而促使他好好反省反省。到现在我还会做这种噩梦。

"以牙还牙夫人"也很吓人，但方式不太一样。她是个十足的纪律分子，就像我的老奶奶，脾气很大，而且能够嗅出一丝一毫的坏念头，再降下仿佛是《旧约》里的那种天火，彻底毁灭人类。倒霉的是，偏偏老奶奶嗅出的总是我的坏念头。

有一次，她还真是"嗅"出来了。那次我偷拿了爸爸的烟斗，躲在树篱后抽了两口。我不过是想静一静，结果她追着我绕花园跑了三圈，还激发出我的惊人潜能，从花园篱笆一翻而过，逃到隔壁的长老会教堂，把教堂的绣球花圃弄得乱七八糟。她攀着篱笆呛道："回来有你好受的！"等我回家的时候，她已经万事俱备，烟斗里装满烟丝，手上还拿着一盒火柴。她逼我把整管抽完，想让我长点记性，以后不敢再犯。我常常想，我日后养成抽烟斗的习惯，会不会只是潜意识想反抗这段记忆？

推己及人和以牙还牙是两种完全不同的互动方式。推己及人是互惠的做法（也有人称之为"黄金法则"），自苏格拉底时代以来，一直受到哲人青睐，认为它是落实道德的基础，同时也得到世界各大宗教的赞同。耶稣在"登山宝训"里说道："你们愿意别人怎样待你们，你们也要怎样待人。"先知穆罕默德在最后一篇讲道中告诫信众："己勿伤人，人不伤己。"

互惠原则是许多人奉行的道德法则，超越各种宗教的界限。许多哲学家更加以精进，像毕达哥拉斯就说："想要邻居怎么待你，就先怎么对待邻居。"德国哲人康德讲得更明白，甚至将这作为他定言令式（categorical imperative）的范例之一："人的行动必须遵守行为准则；行为准则的标准，就是你能够做到也愿意让所有人共同遵守。"根据康德的说法，定言令式是一种绝对的、超脱于情境之外的要求，适用于所有情形，其本身就是目的。

我们自己为人处事的理想，就是先采取互惠原则，先别太在意他人可能如何回应。对"推己及人夫人"而言，这也是很实用的策略，像她就曾对汤姆说："如果想要别人相信你，最好的办法就是先表现出你相信别人。如果想要别人爱你，最好的办法就是先表现出你的爱。如果想要和别人合作，可以试着自己先表现出合作的态度。"

"推己及人夫人"的策略，是基于人性本善的想法，也与《水孩子》作者金斯利身为社会改革者的理念相同。至于"以牙还牙夫人"，她对于人类的行为和价值观就没那么有信心。以牙还牙是基于恐惧，像她就说过："你不能真正相信谁，所以如果需要合作，最好的办法就是威胁那些不合作的人。而如果你想要别人都顺从你、遵守你的规定，最好的办法也是威胁他们。"

不论是推己及人，还是以牙还牙，都是针对个体之间不断往来的情形，希望能取得合作、维持合作。

例如在美国伊利诺伊州南部的卡什河周边的湿地沼泽，美洲棕头牛鹂（brown-headed cowbird）就用上了"以牙还牙"这一套，其勒索方式类似黑社会。每当其他鸟类下蛋的时候，牛鹂就会过来将自己的蛋也下在一起，并撂下狠话："如果想要你的蛋平安无事，最好把我的小孩给照顾好。"只要其他鸟类乖乖听话，就诸事太平，但如果它们太不识相，没把牛鹂的幼鸟照顾好，牛鹂就会回来报复，吃掉人家的幼鸟，或是将整个巢毁掉。

至于田鼠，则采用"推己及人夫人"的策略，而且成效斐然。实验中将田鼠关在相邻的笼子中，只要这边的田鼠按下杠杆，隔壁的田鼠就能得到食物，而隔壁的田鼠得到食物后，也比较愿意去按下自己笼子里的杠杆，让邻居也饱食一顿。换言之，田鼠得到陌生田鼠的好意时，也会展现出自己的好意。最后，所有笼子里的田鼠都展现出利他行为的倾向。

博弈论学者将这种行为称为"互惠利他行为"（reciprocal altruism），而且不止田鼠会这么做。例如吸血蝙蝠会喂食其他当晚没吃饱的同类，而曾接受喂食的蝙蝠也会心存感激，知恩图报；黑猩猩会和素不相识的同类分享食物，甚至看到人类有想拿木棍的动作，它们也会像人类的小孩一样，主动来帮忙。

推己及人和以牙还牙都促成了合作，但如果要二者择其一，应该选哪个？二者都有一些风险：采用推己及人的黄金法则，可能他人并不会用互惠利他行为来报答；采用以牙还牙的报复威胁，只要对方不屈服，就可能形成双方不断互相报复的局面，永无宁日。

这种风险可不是说说而已，特别是如果有一方是个气呼呼的小孩，觉得自己遭到不公平的对待。像我奶奶逼我抽烟斗之后，我就在她床上放了一只青蛙作为报复。她又向我爸爸告状作为报复，让我下场十分悲惨。我想还是先别讲我允竟做了什么来报复，不过，第2章讲到我把一支"火箭"射进她的房间里，倒也不见得纯属意外就是了。

互相报复的恶性循环之所以会形成，是因为其中一方觉得受到了不公平的对待。我曾碰过一个有趣的例子，当时我是政府组织里的研究员，而有些技术人员上班老是迟到，管理层决议，解决办法就是让他们上班必须签到。有些技术人员觉得不公平，为什么研究员就不用签到？

对于讲究平等的澳大利亚人而言，解决办法再明显不过：把签到本偷走！管理层面对这个情形，威胁说，如果没人把本子交出来，就要提出制裁。后来签到本找回来了，管理层便把本子钉在一张坚固的木桌上，确保本子不会再度遭窃。结果第二天连桌子也一起不见了！后来，再也没人提签到本这回事。

遗憾的是，在成人的世界里，互相报复的恶性循环可能造成更严重的后果，包括离婚撕破脸、永无止境的宗教暴力纷争、恐怖主义以及战争。在这种一报还一报的循环里，没人能说这是最后一次。如果想靠以牙还牙来建立合作关系，就得找到方法打破循环，或是从根本上不要开始这种循环。

打破循环

要打破互相报复的恶性循环,最明显的方式就是其中一方别再报复。剧作家王尔德就曾说:"永远要原谅你的敌人——这样才能弄得他们真正难过。"这样做之所以能让敌人心烦,是因为这样他们就没有理由继续争战。就像那次我以宽恕的语气在我爸妈面前,把奶奶背着他们对我用的惩罚手段全抖出来,然后原谅了她。虽然奶奶和我还是互相看不顺眼,但至少从此之后就没再互相报复。

另一种打破循环的方式则是道歉,比如我和太太之间就是拥抱一下,说声"对不起"。只要是正在交往或已经结婚的人都知道,这事没想象中简单,但我和太太已经达成共识,只要哪次发现我们已经掉入互相报复的恶性循环,就马上用这招化解僵局。

如果没能打破这个循环,就可能落入长期互相报复的局面,例子就像是澳大利亚"失落的一代"。1900—1970年,国家政策是将有原住民血统的孩子强制与家人分离,交由白人寄养家庭或孤儿院来安置,这种做法原先是出于"一番好意",要让这些孩子得到"更好"的生活机会,但这种做法对这一代孩子和其家人产生了深远的影响。继任政府都不愿对澳大利亚历史上这羞耻的一章提出道歉,造成一连串反控和辩护的循环,但现任政府勇敢面对,向受影响的个人及家庭无条件致歉,于是,历史的巨大伤口开始愈合。希望其他政府或是分裂的社会,也能从中学到些什么吧。

当然,最好的方式就是防患于未然,让循环无从开始。"推己及人夫人"的互惠原则就是先发制人,在报复的恶性循环刚要萌芽的时候,就斩草除根。"推己及人夫人"提出的建议是:"只要是会引人报复的事,都不要做,而是要将心比心,希望别人怎么对你,你就先怎么对别人。"

我们其实常常都能将心比心,现在被称为"好撒玛利亚人悖论",典故出自"好撒玛利亚人"寓言:一个好心的撒玛利亚人,虽然知道以后可能再也不会见到眼前的陌生人,他还是愿意伸出援手,善加对待。这种利他行为既会对个人造成不便或损失,又可能不会有奖励,那么这种意识究竟是怎么发展出来的?这实在令人百思不解。说不定这种行为与物种进化无关,而是人类自己的发明。如果真是如此,或许我们就可能想出其他合作之道。

作家劳伦斯·达雷尔曾在希腊周边岛屿住过一段时间，他从生活经验中也发展出了"推己及人"的变体，表示"想让希腊人卸下武装，只要一个拥抱就成"。他住在塞浦路斯的时候，正值恐怖主义爆发、撕裂国家前夕，某天碰到一个机会，可以测试他的这种想法。

当时有个醉气熏天、怒气冲冲的邻居，抓着一把刀挥舞，嘴中还不停咒骂村子里怎么有英国人，达雷尔非但没有教训他，反而上前给他一个拥抱，告诉他："别让人觉得希腊人和英国人非得这样砍来砍去。"醉气熏天的邻居惊讶万分，连忙说："没错，你说得对。"就将刀收了起来，并回给了达雷尔一个拥抱。

然而，也不是人人都遵守互惠原则。对人好，可能被看成是软弱。像是我有个朋友曾经好心收留某个人住在家里一个星期，结果那个人居然赖着不走长达半年！我当学生的时候也曾有件丢脸的事。学期刚开始，有位同学让我用他煮沸的水来加热实验样本，结果接下来整个学期，我一直用他的沸水，想都没想过要自己来烧。到了第二学期，换他总是来用我的沸水，自己从不准备。我想，我也是自作自受。

推己及人和以牙还牙的妥协做法

有什么办法,可以让我们在促成合作的时候,既能避免互相报复的恶性循环,又不会被人视为软弱、试图占我们便宜?密歇根大学的博弈论研究者罗伯特·阿克塞尔罗德在1980年找到了一个简单到不可思议的答案。当时他举办了一场"囚徒困境"计算机对抗赛,邀请同领域的学者写程序来参赛。参赛程序两两对抗,依据对方程序的上一步,选择合作或是背叛。一如所有的囚徒困境(不管是电脑模拟还是现实生活),如果对方选择合作而自己选择背叛,得到的报酬最高;双方合作的话,报酬低一些;双方都背叛则更低,而如果自己选择合作对方选择背叛,则报酬为零——博弈论研究者称此为"笨蛋的报酬"(sucker's payoff)。

八位博弈论研究者应邀参赛,各自想出了一些相当了不起的策略,但等到真正上场对战,最后的赢家策略竟是再简单不过。优胜程序的设计者是多伦多大学的教授拉波波特(已于2007年去世),他的程序策略说穿了也就是第一步采取合作,之后依照对手的动作加以回应;换句话说,先采取好心的推己及人策略,但只要这步行不通,就马上改为以牙还牙策略，加以报复。

阿克塞尔罗德不太敢相信，这么简单的一招，难道真这么有效？因此，他举办了大型对抗赛，吸引了来自6个国家的62位参赛者，但不管其他策略如何花样纷呈，是否来自日常生活中处理各种冲突合作的经验心得，最后还是败在拉波波特教授的"一报还一报"程序之下。阿克塞尔罗德认为，这可以提供给各国领导人，作为各国往来的基本参考依据。他换了一种说法表示："不要心存嫉妒，不要想当第一个背叛的人，有恩报恩，有仇报仇，不要想耍小聪明。"

阿克塞尔罗德在著作《合作的进化》中，提出他对于"一报还一报"程序的著名发现，似乎为合作问题找到了一个简单而又完美的解答，因而对社会学界产生了巨大的影响。

我也想在日常生活中试验一下这个发现的效果，终于等到一次地方书店举办半价特卖活动，才有机会亲自尝试。当时地上到处是一堆一堆的书，人来人往地挑着、选着，看看书名，接着收到手里，或是再放回去。我开始试着和旁边的人合作，如果是我不要的书，我会先让他瞄一眼，之后才放到一边去，里面有些刚好是他要的，他就能先拿走。

很快，他也开始让我瞄一下他拿起来的书，这样一来，我们就能很快浏览完许多书籍，快速看过成堆的书。在某个时点，他不再让我看他拿起来的书，而我也立刻不再拿书给他过目，他立刻了解我正对他的不合作展开报复，于是又开始合作了。

在这个案例中，一报还一报的策略看来的确能成功开启及维持合作关系，但这个策略的主要价值，则在于让我们以新的观点来看合作问题，对进化生物学家而言更是如此，因为他们总是在思考自然界中要如何应对适者生存的情境，而进化出合作关系。一报还一报的策略让他们找到了部分解答：自然界中不一定只能彼此不断互相报复，最后只有最强的那个占据王者地位，生物也能演化出"你帮我挠背，我也帮你挠一挠"的行为模式。谁能促成并维持合作，谁就能在进化中占到优势。

看起来，能和团体中的其他成员合作，也是生存的关键之一。而就人类而言，人类学家现在相信，合作更是生存的关键，小型而合作密切的社会团体，适应与生存的概率，要比社会分裂下的个人或群体来得更高。

为什么要当好人？

社会团体要成功合作，成员必须抱持利他且合作的态度，为团体牺牲个人利益。但不论是人还是动物，究竟为什么要做这种牺牲？我们为什么要抗拒私利的诱惑（这也是囚徒困境的核心）？

生物学家从"亲缘选择"（kin selection）中找到解答：血缘相近的个体之间若是合作，就能取得进化上的优势，传承基因。母老虎保护幼虎的狠劲儿惊人，而许多人保护幼儿的拼劲儿也令人又敬又怕，但是光讲基因传承，并不足以解释目前所见的各种人类合作及社会行为。例如，面对最后通牒博弈，我们倾向采取公平的做法，但我们和另一方完全没有血缘关系。关于这一点，主要原因或许来自教养文化，让人类培养出了"公平感"，以及同情他人的能力。

如果我们能秉持公平及同情，共同克服我们面对的各种社会困境，岂不是好事一件？想达成这种理想，一种方式就是推己及人，并希望另一方同样秉持公平及同情的态度加以反馈。无论对家人、恋人或是同事，这种情形都很常见。面对这些情境中的合作行为，博弈论研究者的解释是，因为其中各方会不断往来，如果不秉持公平及同情的态度，未来就可能遭到报复。社会稳定的要素之一是：即使是可能不会再见面的人，也要同样以公平及同情的态度来对待。但我们真会这么做吗？又为何要这么做？面对这些问题，有几项实验做出了解答。

其中最有意思的实验，是在普林斯顿神学院，老师请学生到另一栋校舍，分享一下他们对于"好撒玛利亚人"寓言的想法，但其实这些学生正是这项实验的受试者，只不过他们并不知道。在他们前往目的地的路上，老师请一位演员倒在门口，不断咳嗽，表现出痛苦的样子。实验的目的就在于看看这则寓言是否对学生有正面影响，鼓励他们身体力行。

结果呢？答案是没有！主要的影响因素在于学生当时赶不赶时间，如果不赶时间，约 2/3 的人会停下脚步来帮忙，但如果时间很赶，就只有 1/10 的人会停下来协助这位"可怜人"，其他人非但未停下脚步，有几个还匆匆忙忙地从他身上直接跨了过去。受试的 40 人之中，有 16 人伸出援手，但有 24 人视而不见。实验主持人认为，这代表个人利益常常大于对公众的同情，光是同意要有"同情"这种想法，还不足以让我们身体力行。

我也曾在无意间做了个类似的实验。

我有一次旅行，要去好几个国家，但大行李箱的一个轮子居然坏了，让我好生狼狈。路上有些人假装没看到，有些人则会问我需不需要帮忙。虽然当时轮子的状况还过得去，但我想看看究竟会有多少人愿意帮忙，所以就装出一副很惨的模样，从机场到街上一路走得跌跌撞撞。最后根据我的估算，从我身旁走过的身强体健的男性（我的这项实验锁定了男性），大约每10个人才会有一个问我是否需要帮忙，不同国家的比例差不多，无论在澳大利亚、印度、英国、中国或美国，都大同小异。虽然只有少部分的人会热心提供协助，但还是让人好奇，他们为何会有这种利他的举动？一种说法是，他们天生就有利他的倾向，而另一种说法则是，他们从小就被教导要关心他人，如果看到了不帮忙，心里会不安。

以我为例，我在成年后仍然遵守着许多小时候学到的社交规则，仿佛"推己及人夫人"一直在我身边，控制着我的反应。不过，还有另一股力量要我们行正道、做好事，这股力量就是社会规范。但社会规范又是从何而来？社会是如何推动这种规范的？虽然我们还不清楚其由来，但证据显示，在背后推动的那双手，就是"以牙还牙夫人"。

社会规范是合作的重要准则,根据经济学家费尔和费什巴赫的说法,社会规范是"基于广泛的共有信念,推断团体中的个别成员在特定情境下应如何举措,由此而定出的行为标准"。然而,究竟为何我们会遵行不悖,则完全是另一个问题了。证据显示,我们的主要动机是害怕遭到团体中其他成员的制裁。

制裁形式可能只是被讨厌,但也可能是社会排斥(social exclusion),甚至更糟。除了直接遭到杀害之外,社会排斥最极端的形式就是流放。流放的英文单词"ostracism"源自古雅典,如果领导人可能成为独裁的暴君,或是有某人可能对国家造成威胁,就会被流放10年。但在今天,这个概念涵盖更广,像是小女生对玩伴说:"我不要跟你讲话了!"或是像未加入罢工的人受到罢工同事的排挤;甚至像是在泰国,感染艾滋病的人虽然能用价格低廉的抗HIV药物捡回一条命,却再也得不到家人的接纳,只能被迫在寺中寻求栖身之所。

以上案例中,团体的成员和受排斥的人彼此都认识,但情况并不一定总是如此。重点在于,实际加害的人得到了社群中其他人的认同。例如纽约有一次服务生大罢工,在罢工纠察线上,就有人带着隐藏式相机,要把身为工会会员却未加入罢工的服务生都拍下来,再公布在工会总部,好让所有会员都知道是哪些人不支持罢工。

另一案例中,有个男人在澳大利亚一个火车站抛弃了他的3岁女儿,自己飞到美国来。这种行为被媒体报道后引起民众的强烈反感,所以在他试着匿名混入亚特兰大的某个社群时,很快就有人根据网上的图片认出他来,接着当地人就把他的裤子给扒了,用绳子把他的两脚绑在一起,等待警察来把他带走——"以牙还牙夫人"想必十分满意。

这个案例是"第三方惩罚"的极端例子,施加惩罚的人其实和原先的罪行完全扯不上关系,纯粹是看不惯罢了,而这种惩罚正是社会规范的主要执行机制之一,不只代表我们自己表达不满,更是为社会全体表达不满。就像在音乐会上如果有人讲话,我们都会转过身去瞪他,这不仅是为了自己,也是为了音乐厅的全体听众。

我碰过最典型的例子是在瑞士,有个观光客在街上乱丢了一张糖果纸,结果一位当地居民立刻把糖果纸捡起来,追上去把纸交回她手上,再指指垃圾筒,她只好乖乖照办。那个观光客的脸红到发涨,可见这个举动确实有效。

第三方惩罚是基于我们的个人心理,看到有人不守规范,就会升起一股怒气（至少也是一股不满），于是采取行动，维持社会规范。

实验室实验已证实，我们甚至愿意付出一些代价以完成这种惩罚。例如让一位旁观者观察另外两人进行一个类似囚徒困境的实验，他看到其中一人背叛的时候，甚至愿意付出金钱，就只为了看到背叛的人遭受惩罚；然而，如果两人都背叛，他想惩罚其中任何一人的意愿也就大幅降低。根据这项实验的主持人、心理学家史蒂文斯和豪瑟的说法，如果双方都背叛，这种行为就不会被视为破坏社会规范；但如果只有一方背叛，就觉得该对他严厉惩罚！

我们在日常生活中的行为，其实与受试者没什么两样。证据在于，许多社会规范其实都是"有条件的合作"；换句话说，只要其他人大部分都遵守规范，我们就乐意支持（例如通过第三方惩罚），但如果太多人都不愿遵守，我们就会觉得违规也无所谓，不太担心有没有惩罚，是不是第三方也就更不重要了。例如，把垃圾丢在路边，或是报税的时候少报一点，我们都会说："别人也这样啊，那我为什么不要？"但这会造成社会规范的崩溃。

史蒂文斯和豪瑟表示："有条件合作的社会规范，其实是一报还一报策略背后的先决机制。"道理在于，这牵涉到间接互惠，让"以牙还牙"这件事可以延伸到整个社会，一旦看到有违反社会规范的事，即使和自己没有直接关系，还是可以挺身而出，加以惩罚。

只有人类才具备特定心理因素，能够促成这种建立并维持社会规范的间接方式。史蒂文斯和豪瑟特别指出这些心理因素：量化（才能计算奖励和惩罚），时间估算（惩罚的威胁才不会太快打折扣），延迟享乐，找出并惩罚背叛的人，对声誉的分析和记忆，以及抑制性冲动。

列出来还真不少！但其中最重要的，在于对声誉的分析、传播及记忆。举个例子：我去了一家从没去过的餐厅，我会对餐点和服务质量产生自己的想法，但我不太可能直接告诉餐厅人员（虽然也有例外），而可能告诉我的朋友。这样一来，如果他们也去那家餐厅，等于他们间接报答了我曾享受过的美食和服务。

实际上，我是应用了拉波波特的"一报还一报"策略，只是回报属于间接而非直接。只要合作传播名声的人够多，这种间接效应就可以让合作扩展到整个社群。然而，"一报还一报"策略的问题在于，只要有一个环节背叛，后续就可能引发无止境的报复循环,结局就不会是一个公正又理性的世界,而是像但丁所描述的地狱,报复永无止境。

运用新策略持续合作

我们能不能改进一下"一报还一报"策略,让合作能够持续不断?事实上,还真的可以!诺瓦克和西格蒙德找出了一种"赢就守,输就变"(Win-Stay, Lose-Shift)的策略,在阿克塞尔罗德的计算机程序对抗赛里,表现得甚至比"一报还一报"程序还好,而且也比较接近我们日常生活中的行为模式。

"一报还一报"不讲人情,也不让人有改过的机会,因此在虚拟世界里非常吃得开;诺瓦克和西格蒙德的程序叫作"巴甫洛夫"(PAVLOV,与那位研究动物制约反应的著名俄国科学家同名),采取的"赢就守,输就变"策略是模仿了人类特质,会宽恕,有期待。

只要另一方也采取合作,巴甫洛夫程序就会一直合作,但与"一报还一报"程序不同的地方在于,如果双方在上一步都背叛而造成双输，"巴甫洛夫"就会主动改变合作策略，而希望对方的程序设计也会有所反应，改变合作策略。诺瓦克和西格蒙德认为，严格来说，巴甫洛夫程序"几乎就是一种对于报酬的制约反应：如果得到报酬……就重复上一步，如果受到惩罚……就改变行为"。

像是前面那位和我一起逛特价书展的仁兄，在他背叛而我也以背叛回应之后，就是采取了巴甫洛夫策略，再次开始合作。两位程序设计者对于这种策略会成功的理由，解释如下。

> "一报还一报"策略能如此成功……部分原因在于，网络世界里有绝对的秩序。但在自然世界里，则会出现失误（和偶尔的干扰）……两个采取"一报还一报"策略的玩家如果不慎犯错，就可能会造成长期的互相报复。（这种情况在日常生活中随处可见，就算是人类，也常常把气发在无辜的旁观者身上。）
>
> 巴甫洛夫程序和"一报还一报"策略比较起来有两大优势：（1）采取"赢就守，输就变"策略的双方，如果不慎犯错……只会造成一个回合的互相背叛，之后就会回到互相合作；（2）"巴甫洛夫"对"软柿子"不会手

下留情。

我们每天都会看到巴甫洛夫式的行为:虽然家人之间的误会可能引起争执,但之后很快就会恢复合作;此外,很多人碰到送上门的冤大头,也总是毫不手软。

现在有许多人都在研究"一报还一报"策略的各种变体,巴甫洛夫程序只是其中一种。原始的"一报还一报"策略,现在归类为"扣扳机策略"(trigger strategy),典故来自美国西部拓荒时期的枪战(至少是好莱坞拍的那种),只要一方扣了扳机,就会引来另一方回敬一发甚至一轮子弹。博弈论研究者已经找出许多种"扣扳机策略",全都遵循"以牙还牙"的规则,只要不合作,后果就是对方至少也有一次不合作。

各种变体之中,话讲得最重的是"冷酷扣扳机策略"(Grim Trigger),威胁说:"只要你有一次不合作,我就再也不会和你合作!"例如夫妻吵架,警告对方下次再吵,就马上离婚,永不回头,就是属于这种"冷酷扣扳机策略"。令人遗憾的是,也正因如此,到现在我们还无法摆脱核报复的阴影。

另一种比较温和的"扣扳机策略",是"宽厚的一报还一报策略":只要一方合作,另一方就会继续合作,而如果一方背叛,另一方有时候还是会继续合作,但并非绝对。举例来说,怨偶也有破镜重圆的可能,给对方第二次机会。(比较一下,如果一定要对方用确切的例证,证明自己已改过自新,才肯复合,就是采取一般的"一报还一报"策略。)

这些策略都可能成功,但也都可能失败。"宽厚的一报还一报"比起"以牙还牙"要来得温和,带有一点"推己及人"的宽恕色彩,能够打破互相报复的循环,看起来也最有可能解决日常生活中的各种问题。我和几位行为心理学家讨论过这件事,他们从心理学角度提出的策略是"态度要坚定,但也要保留宽恕的可能",这与"宽厚的一报还一报"最为接近。然而,经过计算机模拟之后,发现这种策略还是比不上巴甫洛夫策略;如果双方上一次互相背叛而造成双输,"巴甫洛夫"就会主动改变合作策略。

我曾经在一场鸡尾酒会上测试了一下巴甫洛夫策略。我和朋友想到等一下还要开车,就同意两个人都别再喝了,但他很快就忍不住想再来一杯,而我心想:"他能喝,那我也要。"但等到我们两个看到对方端着那杯酒(两人都作弊了),就都采用了巴甫洛夫策略,只要对方不喝,我也不喝,于是,问题也就解决了。

"赢就守,输就变"是说,如果上一步都互相作弊或背叛而造成双输,就主动改用合作策略,就目前讨论过的所有"扣扳机策略"而言,这似乎是最有效的一种。这些"扣扳机策略",都必须建构在双方会不断往来的前提下,才能产生并维持合作。但还有一种因素和过去的交手经验完全不相干。

距离因素

影响合作的不只是策略,还有空间距离。地理位置接近,就能创造出一群合作者,就算遇到外来的背叛分子,也能维持合作,共同抵抗;像在一些村庄和小镇里,就会组成防卫队,抵挡外人侵略。

这种情形也可见于专业组织(如医师公会和律师公会),以及各式机构(如我任职过的学术机构)。随着博弈论研究者对合作程序的细节越来越了解,现在连计算机也都做得出这种模拟。

主要的发现之一是:就算不记得过去是否合作过(而这

是"一报还一报"策略的前提），光凭着地理位置接近，便足以维持合作。这里的前提只需要有两个族群，一群是合作者，一群是背叛者，而且两方都坚守自己的策略（比如我母亲和我奶奶）。

第一轮的计算机模拟，先将这两群人随机分配在巨大国际象棋棋盘的格子里，每个人只能和周围八个格子的人互动，而每个人的得分，就是和邻居互动的报酬总和，报酬的计算方式采取一般的囚徒困境设计。而到第二轮，中间的玩家如果得分最高，就维持不动，否则就由八个邻居里得分最高的取代。规则很简单，但可以看出不少名堂，而且把过程拍成影片之后，效果也挺酷的。

影片显示，合作者和背叛者争夺主导地位，双方此消彼长，并发展出合作者和背叛者的各自群落。令实验者没想到的是，两方都无法将对方赶尽杀绝。最后尘埃落定时，合作者约占1/3，背叛者占2/3。虽然背叛者占上风，但合作者至少能够存活，一方面是因为他们在一角彼此靠近而紧密合作；另一方面是因为，如果一群背叛者聚在一起，谁也占不到便宜，其欺骗策略注定会失败。

"不断往来"和"距离接近"的现实意义

这几项要素究竟对真实世界中的合作发展有何影响？从以上所提的各项研究中，可以整理出以下重点。

- 因为距离接近的关系，依赖彼此合作的小社群维持合作的机会，会大于那些较大、较多元的社群。只不过，从计算机模拟发现，就算在那些小社群里，作弊者（背叛者）能存活而且得利的程度，还是高得惊人。
- 如果个体之间会有一次或多次的往来，合作成功的机会就会大增。例如，小偷也可以算是一种作弊者，他们将个人私欲放在社群利益之上。但研究发现，如果他们所判的刑罚里，包括和被偷的人有面对面接触的机会，日后再犯的概率就会大减。
- 从更广的层面来说，互相报复的结果也可能厉害到足以吓退反社会行为，让人愿意遵守社会规范，特别是如果做出报复行为的人不只是原本牵涉其中的人，还有社群中其他成员，就更为有效。

- 声誉是一个重要的激励因素，甚至仅仅因为违反社会规范被发现而感到难堪，有时候就足以吓退某些行为。例如，男人上完公共厕所究竟要不要洗手：如果有别人在场，洗手的概率就会大增，以免遭到他人异样的眼光。
- 要建立并维持合作关系，最有用的策略就是结合"以牙还牙"和"推己及人"，虽然一方愿意在对方不合作的时候仍然维持合作策略，但也不排除停止合作的可能。美国前总统罗斯福的"温言在口，大棒在手"策略，可为明证。但由博弈论的计算机模拟可看出，最好还是多注重温言，少挥舞大棒，只要双方已经演变成双输的局面，就应该立刻主动改变合作态度。

诺瓦克结合了以上要素，写出了一个漂亮的结论：合作进化的五大法则。在他的定义中，"合作者"是指愿意付出成本（c）而让另一个人得到利益（b）的人。虽然看起来个别合作者有所损失，但我们知道，如果合作者形成"群体"，在进化上的平均竞争力就会高于背叛者的群体。这么说来，合作才是蓬勃发展、生生不息的不二法门，那么究竟要怎么做，才能让合作最符合成本效益？

诺瓦克为合作的进化找出五种机制，分别代表不同的成本效益关系。

1. **亲缘选择**。亲缘系数（个体之间关系越近，系数便越高）必须大于成本效益比。
2. **重复互动（直接互惠）**。同样的两个人未来还会碰头的概率，必须大于利他行为的成本效益比。
3. **间接互惠**。指的是他人对我们的评价在社会上传开后，对我们的行动会造成影响。诺瓦克认为，得知某人名声的概率必须高过成本效益比，间接互惠才可能促进合作。
4. **网络互惠**。这指的是由合作者或背叛者来充当邻居而产生的影响。在这种情境中，要促进合作的唯一条件，就是邻居数目要大于成本效益比。
5. **群体选择**。从"猎鹿问题"困境就可以看出，一群合作者比一群背叛者更容易成功。这种情境比较复杂，因为群体会随着时间而扩大（因为有后代加入），或者分裂成几个小群体。为求数学计算上的方便，考虑到选择合作的概率小于选择背叛,而群体又不常分裂,最后的结果十分简单:要发展出合作,条件就是成本效益比要大于 $1+\dfrac{最大群体规模}{群体的数目}$。

诺瓦克的结论相当有意义,显示只要能满足其中一种机制,让实际情境中的成本效益比高于临界值,就能解决社会困境,让合作进化成功。本书前面所提的许多策略,都可以整合进这个综合的框架里。然而,还有一种策略可以解决社会困境,就是直接改变博弈,让作弊的动机减少或消失,这可以说是从社会困境的核心解决问题。下一章我会提出一些相关办法,其中有一种还很神奇地用上了量子力学的概念,以令人难以想象的方式,解决许多社会困境的根本问题。

超越博弈

第 8 章

如何改变博弈，才能提升合作概率？一种是引入新的参与者，从而带来一些特别而意想不到的结果。而另一种将在不久后成真，就是在协商时使用"量子计算机"，让双方能够先得知对方的想法，再决定自己的行动；如此一来，困境的核心问题也就不复存在。

要如何改变博弈，才能提升合作的概率？一种办法是，只要带入新的参与者，就能够造成一些很特别而意想不到的结果。而另一种办法，将在不久后成真，就是在协商时使用量子计算机，让双方能够先得知对方的想法，再决定自己的行动；如此一来，社会困境的核心作弊问题也就不复存在。

以下就要分别审视这两种方法，看看能如何让合作持续下去。

让新人入局

面对冲突、纷争、意见不合的情形，如果想营造和谐及合作的氛围，有一种让人意想不到的办法是：引进一个比原有成员更不和谐的参与者。伍德豪斯的小说《万能管家吉夫斯》中，那位足智多谋的管家吉夫斯就用上了这种策略，替他苦恼已久的主人伍斯特解决问题。管家说："如果一群人不幸发生争吵，想重修旧好、团结合作的最佳方式，莫过于共同憎恶另一个特定对象。请允许我以自身家庭为例来说明，每当发生家庭纷争，我们只需请来安妮姨妈，所有不和便烟消云散。"

小时候读到这段，对于管家的建议真是印象深刻，下决心要自己试试。我爸妈玩"大富翁"的时候，总是会玩到情绪激动，而有一次他们又吵了起来，我赶快邀请了隔壁一个卫生习惯有点差的小孩来家里玩，因为我知道爸妈总是把家里维持得干干净净、整整齐齐，有个脏小孩在家里，他们一定感到如芒在背。结果两人一下子就变得亲切和善，说他们不玩"大富翁"了，而问我想不想去动物园。于是，隔壁的孩子回家了，我去了动物园玩。对我来说，重点当然是他们不再吵了。

那些会和你竞争或吵架的人，想必得不到你太多好感，但就算是这些人，也可能有利于合作。博弈论研究者彼得·费德尔和约翰·豪瑟便以美国微电子业为例，当时国际竞争兴起，打击美国微电子业的影响力和生产力成了大家共同的目标，对此，美国整个微电子产业便在各种基础研究和应用研究上携手合作，甚至有的公司愿意以牺牲它们对其他美国公司的竞争优势为代价。

究竟是什么让一群竞争对手放弃前嫌、展开了合作？费德尔和豪瑟设计了一系列具有开创性的实验，希望找出答案。他们举办类似阿克塞尔罗德的计算机对抗赛，但采取三方对战的方式，而不只是两方对决。计算合作的报酬或作弊的惩罚时，是综合考量三方的策略，再列出不同的奖励等级，类似一般双人囚徒困境的情形（合作可以得到奖励，单方作弊得到的奖励更多，但如果双方都作弊，所得就比合作要少）。

参赛者来自世界各地的大学团队和大企业，目标是自己设计的程序能应对其他程序的策略，来调整合作或作弊规则，并且在赛程中得到最高的报酬奖励。比赛被设计成一个营销比赛，价格是唯一的变量，并提供一系列分别能赚得不同利润的价格供参赛者选择。这种设计虽然较为复杂，但也比较接近真实。参赛者主要能采用的两大策略，就是结盟或削价竞争，至于结盟或削价竞争的程度，则要看参赛者选定的价格而定。

竞赛分成两轮，决赛时共有44位参赛者。最后的赢家是来自澳大利亚的马克斯，在他的程序设计中，如果另外两方都合作，就合作；如果另外两方都作弊，就作弊；但在其他情况下，则是向最接近合作策略的方程式靠拢。换句话说，他的程序会找出最可能合作的情形，并加以利用。

费德尔和豪瑟从竞赛中得出结论：多人情境下，最好的做法是比一般的"一报还一报"策略再多合作一些；另外，如果其中有不合作的人，就需要有宽容和雅量，才能促成合作。他们把这种制胜的策略称为"暗中合作"（implicit cooperation）。

有次在一场晚宴上，我决定做一个实验，看看一般人会不会在现实生活里应用这种策略。当时菜肴是以大盘上桌，并在宾客间轮流传递取用，我刻意取的比该取的分量多出许多，试试他人如何反应。有些人的反应是跟着多取，但没我那么夸张。上第二道菜的时候，其他宾客开始了暗中合作，刻意先不向我这里传菜，等传递到我这里时，盘子里已经所剩无几了。因为我的不合作策略，反而促进了其他宾客之间的合作！

那些宾客并没有讨论要采取什么策略，而是自然而然就这么做了，而且认为其他人也会照办。不过，就算我们可以讨论策略，一旦有人作弊，仍然可以促进其他人的合作。像我在英国住的村子里，曾经爆发一连串盗窃案，这些采取背叛策略的小偷，促使村民制订守望相助计划，比以前更留心彼此的财产安全。于是，全村同仇敌忾防范盗窃之后，整个村子更为团结，村民之间也更乐于合作。

但并不是说，新加入的参与者一定要作弊，才能促进合作。有时候，双方彼此不信任，造成合作障碍，但只要有个双方都相信的第三方介入，便可解决问题。曾有位警察朋友和我说过一个特殊案例，他说办案时如果能有只凶猛的警犬做伴，罪犯会更乖，束手就擒的机会就大得多。这里，警犬就是双方都相信的第三方，不论是警察或罪犯，都相信只要罪犯一有抵抗，警犬就会立刻扑上去。

要确保合作成功，更常用的办法是先在第三方那里提供一些有价担保物，只要维持合作，最后就能取回担保。例如在房屋出租中，房东和房客间惯常的做法就是，各自向独立的仲裁者交付担保金，如果房东未负起房屋修缮的责任，房客就能提出申诉，用担保金来维修房子；而如果房客迟交房租，房东也可申请用担保金支付。在这两种情形里，都是由仲裁者担任独立而能够信任的第三方。

博弈论研究者已经指出,想处理许多带有后续隐患的问题,先提供担保是个有效的方法。他们最爱举的例子是蜈蚣博弈(Centipede Game),这个名称有点令人疑惑,但讲的其实就是:有一笔钱,只要在两名玩家之间传递一定次数,两人就能平分,而且每转手一次,这笔钱就会增加一点。

然而,在任何时候,任意一名玩家都可以决定是要继续传下去,还是就此打住。决定中止的玩家,就能在当时的金额中取得较大比例,如60%,而另一位玩家就得少分一点。整体而言,最好两人都一直传下去,但这里会出现一个类似囚徒困境的逻辑悖论:轮到第一手的玩家,赶快拿走60%方为上策。

这里的问题在于"往前思考、往回推论",这也是我们在日常生活中会用到的逻辑。我们会先"往前思考",预测各种行为的可能后果,再由结果"往回推论",判断出应采取的做法。

在蜈蚣博弈里,"往前思考"告诉我们,首先中止的玩家可以拿到比较大的一份,而等到最后却只能分到一半。由这点"往回推论",轮到倒数第二手的人就不该再传下去,而该喊停,好分到较大的一份。但这种推论再推到倒数第三手也说得通，于是一路推论回去，最后的结论就是：轮到第一手的人，就该马上拿钱就走。

我想知道是不是儿童也能想出这种逻辑，所以有一次在一场儿童的同乐会上，我就玩了一场蜈蚣博弈的游戏。我用的是橡皮糖而不是钱，只要小孩将橡皮糖传给下一个小孩，我就会加一点。那群8~10岁的聪明儿童很快就发现，一开始就拿走大多数，最为有利，而游戏也就到此为止了。

然而，只要先另外提出担保，就能打破蜈蚣博弈中的逻辑，避免参与者在第一步就急于落袋为安。提出担保的作用在于改变奖励结构，让博弈继续下去，而在最后除了博弈奖励之外，还能拿回担保。最简单的蜈蚣博弈形式只有两名参与者，而且只要有一位提出足够的担保金即可。理由在于，这位参与者如果中止，就会损失担保金；而另一位参与者知道，担保者一旦作弊，就会损失担保金，于是就会放心地继续将钱传下去。

我也将这个想法拿来和同乐会上的儿童做了实验，先请他们每个人都交出一件自己收到的小礼物，并保证只要游戏能持续到最后，就会还给他们。很了不起的是，他们马上抓到了重点，而游戏也的的确确持续到最后。

有人会说，蜈蚣博弈无法反映现实生活，也有人说，这确实能反映出像资产拆卖和政治分赃之类的获利了结策略。但至少我们可以说，提出担保交给能够信任的第三者，就能在自私的基础上促成合作。

还有另一种方法，就算没有值得信任的第三者，也能达成相同目标，办法就是：满足特殊条件，让双方都能事先看到对方要合作还是要作弊，再据以调整自己的行动。这听起来像是不可能实现的白日梦，但如果能发挥想象力，将看似不可能结合在一起的博弈论和量子力学结合起来，可行性就相当高，并能激发许多解决社会困境的全新方法。

量子博弈论

量子博弈论（Quantum game theory）能带我们跨进一个未来的世界，在那个世界里，各种合作的重大问题都消失无踪，或至少会落在能够掌控的范围；在那个世界里，七大致命困境奇迹般地得到解决，作弊之风不再盛行，合作大行其道。这一切，都是靠量子计算机。

量子计算机是未来的计算机，虽然还在实验阶段，但等到了实用阶段（可能在未来的十年内），量子计算机飞快的运算速度，就会让今天的计算机看起来像手按的手持式计算机一样缓慢。当然，量子计算机也会带来全新的协商形式。

- 在量子计算机中，量子位元的状态可用来对应不同的决策（合作、作弊，或是采用混合策略），而参与协商决策过程的人，就可以去操控量子位元的状态，把自己所做的决定输入量子计算机中。（对一般人而言，量子位元是什么并不重要，只需要知道这种东西可以用来代表各种策略的组合。细节请见方框 8.1。）
- 每当某人做了决定，其他人的量子位元都会因为量子世界特有的"量子纠缠"现象而受到影响（请见方框 8.1）。参与者甚至不需要真正知道其他人做了什么，只要操控自己的量子位元状态，就可以间接察觉到这些改变，并做出适当回应（这是真的，彼此之间不需要有任何一般所谓的沟通或信息交流）。物理学家布拉萨把这一过程叫作"假性心灵感应"（pseudo-telepathy）。和现今情况的重大不同就在于，有了这种纠缠现象，各方无须直接沟通，也能协调彼此的策略。
- 接下来的过程中，各方操控自己的量子位元状态，直到达成一套各方同意的策略为止。
- 在社会困境中，必须在"其他人不作弊"的前提下，作弊才能得到好处，但在此，人人都能察觉彼此想要采取的策略，因此作弊的诱因也就减低或消失了。
- 由以上可知，除了"猎鹿问题"，量子策略可以让我们在大多数主要的社会困境中提升合作机会。此外，量子策略也可以促成新形态的"量子拍卖"形式，得到最佳拍卖结果。

方框 8.1

"量子博弈论"道理何在？

一般计算机传送及处理信息是以位元为单位，每个位元可处于两种状态中的一种，就像是电器开关的开或关。

在运算的时候，这两种状态分别对应 1 和 0；用在博弈论上，则可以代表合作或背叛（作弊）。

量子计算机用的是另一种位元，称为"量子位元"（qubit；是 quantum bit 的缩写）。量子位元会遵守量子力学法则，于是其状态不再只能是 0 或 1，也可以是这两者的任意组合（这个原理被称为"叠加"）。然而，只要去测量其状态，测到的结果仍是 0 或 1。用在博弈论上，也就是不仅可以设定成"合作"或是"背叛"，也可以设定为两者同时混用。

如果觉得这实在超出你的理解范围，别担心，因为连爱因斯坦也想不通这个道理。其实，他觉得这个理论实在太荒谬了，还举出一些可能从这种理论导出的荒谬结果，试着推翻这个理论。其中一项 [被称为爱因斯坦 - 波多尔斯基 - 罗森悖论（Einstein-Podolsky-Rosen paradox），简称为 EPR] 是关于两个分隔两处的自旋电子的情形，而这也攸关量子博弈论的运作。

我们常常用电子（电流的载体）来解释量子位元的概

念。电子具有"自旋"(spin)性质，可以将电子变成一个个极性不同的小磁铁，极性的方向可能是"上""下"，或是又上又下的混合状态（这一现象只存在于量子力学的奇妙世界里）。但是一旦有人试着去测量电子的自旋，这种混合状态就会瓦解，只表现出上或下的自旋方向。

好戏开锣。假设有十分靠近的 A、B 两个电子，这时量子力学会告诉我们，A、B 的自旋方向必定会相反。如果有人试着去测量一个电子的自旋，只会测到一个确切值，不是上就是下，因此，只要你测量了 A 的自旋方向，B 便立刻往反方向自旋。换言之，如果测到 A 是向上，B 就自动变成向下。

爱因斯坦认为这个想法简直疯狂，因此在一篇和波多尔斯基及罗森共同发表的著名论文中，提出了这样的质问：假设这两个电子在还未有人测量的状态下，分隔到银河系的两端，那么，如果银河系的一端有人试着测量其中一个电子，难道远在银河系另一端的另一个电子也能马上感应到，从而表现出相反的自旋方向？这岂不是太夸张了。

但让人意想不到的是，爱因斯坦等人错了。实验已经证明，两个电子分开之后，测量其中一个，还真的会影响远方同伴的自旋方向。这种现象现在被称为"纠缠"（entanglement），这也是量子理论（以及量子计算机）的基础。博弈论研究者已经证明，这可以协助我们逃离社会困境，找出真正合作型的决定和策略；之所以办得到，量子博弈论先驱詹斯·艾泽特认为，理由之一在于量子纠缠可以打破纯粹策略之间的纳什均衡。换言之，背叛而取得私利（这正是纳什均衡之所在）的诱因不复存在。如果从更广的层面来看，只要能掌握量子纠缠，即使不能直接得知他人的策略，也能彼此协调。

纠缠的应用方式，是先让两个以上的量子位元发生纠缠（各代表一个参与者），接着将这些量子位元分开，交由各个参与者操控，依据各自在特定情境中是要合作、背叛，还是采取混合策略，来操控自己的量子位元状态。只要其中一个量子位元的状态决定了，跟它有纠缠关系的其他量子位元就会自动做出回应。这就像是所有人都有一张

> 卡，正反两面分别写着"合作"和"背叛"，一开始的时候，大家的卡片都不会翻到特定一面，但等到有一个人决定好要采取什么策略，把自己的卡片翻到其中一面，其他人的卡片就会自动翻向另一面，等于是透露了第一个人的决定；接着，其他人也可以翻动自己的卡片来回应，一一表现出自己合作的意愿。
>
> 如此，在很多社会困境中，作弊者就再也占不到便宜，原因在于，作弊者得利的前提是其他人必须采取合作策略，而当一方得知有人要作弊，就不再采取合作策略。因此，对量子位元的操控就像是一种"假性心灵感应"，也就是物理学家泰德·霍格所说的"能让个人预先同意某项协议"，于是克服了社会困境中的一大难题，从而促成合作。

量子博弈论究竟实不实际？有一群惠普实验室的科学家决定做一项实验，看看这能否实际解决"搭便车"问题。"搭便车"的定义是：某个人注意到，自己无论如何都会从某项资源得到好处，于是也就没有为此付出成本的意愿。然而，如果共享资源的所有成员都不愿付出，资源到最后就没有了，于是人人皆输。

这个"搭便车"实验的对象是一群斯坦福大学的学生，每人会先得到一笔虚拟货币，然后将其中一部分投资到公共基金中，接着将公共基金乘以特定的投资回报率，算出来的总获利会平分给所有人。

实验人员告知学生规则之后，要求他们选择一个会让自己获利最多的策略。结果，大多数人都臣服于作弊的诱惑（博弈论研究者早已证明，作弊是优势策略），公共基金也迅速缩水到几乎为零。

接着，这个实验应用量子纠缠的情境再做一次，也就是所有人都能事先知道别人要做什么决定，并做出回应。这里模拟量子纠缠的方式是通过计算机程序，每个人都有一个"粒子"，可以设定为"投资"或"不投资"，而粒子之间彼此纠缠，只要有人做了决定，就会影响其他粒子，而其他人也就可以回应，调整策略，为自己追求最大利益。

就成效来看，量子纠缠让参与者的策略在一定程度上达成了协调,成功合作的比例约50%,而在有量子策略的辅助之前则只有33%。科普作家马克·布查纳是这么描述这个量子情境的:"作弊的人很可能碰上别人也作弊的情形。(因为所有人都会事先知道有人要作弊,所以)作弊占不到便宜,量子理论也就能吓退占便宜的行为,改善整体成果。"

惠普实验室的科学家发现,参与者越多,合作的趋势越明显。科技记者帕特尔在报道中表示:"如果人数越多,越趋向合作,这种效应对解决网络侵权下载这一类问题就越有利,毕竟网络上的参与者(也就是下载者)人数可能达数千万之多。"

投入实际应用的量子计算机,最初应用在商业领域,解决业界时有发生的"搭便车"问题,像是公司的管理或政策改变时,很多小股东可能借此获利,但其中真正投入心力促成改变的人可能只是少数,多数人其实是坐享其成;或者是一家公司原本想聘请律师,为自己的产品争取赋税优惠,但最后决定打退堂鼓,原因是担心制造类似产品的其他竞争对手不劳而获,也得到赋税优惠。

在许多类似的例子里,如果能和他人合作分摊成本,最后就能人人得利。但前提是要说服大多数人同意合作。惠普的实验结果指出，量子计算机促成的新协商策略，可以显著提升有效合作的可能性，除了以上情境，也能用在薪资协商、劳务关系协商等方面。如果这些理想一一成真，将会是寻找有效协商策略的一大突破，有助于促成有效率的合作。阿德里安·周认为，应用量子纠缠现象，甚至能促成贸易商的合作，让股市的抗跌性更强。

量子博弈论是未来，传统博弈论则是现在，而且已经赋予我们许多策略，得以克服不少社会困境。在最后的章节里，我会简要回顾这些策略，并提出十大要诀，让我们能在日常生活里更愉快更有效率地合作。

· 后记 ·

个人扭转全局的十大要诀

不论是个人生活还是全球局势，我们每天都会碰到许多社会困境，而我想研究博弈论，正是因为觉得需要用新的策略应对这些困境。在全书最后，我的结论是：博弈论的的确确能够增加解决这些问题的机会，主要的解决方式有二：

1. 让我们用新观点来看问题，找出问题背后隐藏的真正原因。
2. 提供新策略，解决问题。

这里并不是说博弈论能够解决所有问题，而是能提供一些策略，调整合作和冲突之间微妙的平衡。这些策略值得每个人投入心力，了解其原理及如何应用。针对在日常生活中要促进的合作，以下是我根据个人心得总结出的十大要诀。

1. **赢就守，输就变**。不论先前选择合作策略或自私自利的不合作策略，只要结果出炉时你是赢家，就不要改变策略。但如果输了（常常是因为其他人和你同时选择不合作），就马上采取另一种策略。

2. **带入新的参与者**。如果本来是两方对峙的局面，就让它变成三方制衡的情形。这对于合作时促成平衡的效果很有效。就算明明知道新加入的会是个不合群的家伙，也仍然可能改善整体情形。另外，新的参与者也可以指"受信任的第三方"，负责管理担保物或是执行违约条款。

3. **建立互惠形式**。最重要的一种合作动机，就是知道未来还可能再次碰头，所以要试着通过直接、间接或社交网络的方式，建立起这样的情境。

4. **限制你自己的未来选项，让自己一旦背叛合作，就会**

受损失。这是最有效的让别人知道自己的确有合作意愿的方式之一。例如定下特殊条件，只要自己（或他人）违反合作承诺，名声就会大大受损；或采用破釜沉舟的方法，规定合作之后就不能再回头。

5. **付出你的信任**。这是另一个让别人觉得你的承诺可信的做法。只要你真心付出信任，就能得到回报，想合作也就容易许多。

6. **定下特殊条件，双方如果想单方面背叛，就会承受损失**。当然，这就是一个纳什均衡。如果问题的合作解决方案恰巧是纳什均衡，那么问题就解决了。

7. **使用补偿给付，来建立并维持合作的联盟**。补偿给付可以是金钱，或是社交上或情感上的奖励，或干脆就是贿赂。不论是哪一种补偿方式，重点在于联盟成员如果叛逃或加入其他联盟，就会承受损失。

8. **注意七大困境，考量各参与者的利益与成本，让困境不复存在**。当然，这说来轻松，做起来困难，否则早就世界大同了。但无论如何，这是正确的努力方向，而且值得一试。

9. **分摊各种货品、责任、工作、惩罚等，让人人都觉得**

结果公平。"觉得公平"是很强烈的动机,因此务必保证过程透明,让结果看起来公平,人人满意。
10. **将团体化整为零**。我刻意将这项非常重要的策略留到最后来谈。所有证据都显示,小团体内部的成员比较容易合作,但偏偏小团体与小团体之间就不是这么一回事。本书开头列的许多重大问题,核心其实都在于这种内外的分别。小团体的领导人如果能善用上面的九点要诀,就有助于团体间的合作,例如各个家庭和小型社会团体能结合形成较大的社群,甚至还能推广到更大的层面。这当然也是人人所乐见的。

虽然某些策略看起来不过就是生活常识,但博弈论可以看得更深,让人了解这些策略在不同情境中奏效的理由以及方式。有些策略可能看起来不可思议,要通过博弈理论才能了解其缘由。此外,也应注意这只是个起点。

博弈论仍然是个新兴理论,但发展神速,而且发展空间还相当大。例如"复杂理论"(complexity theory),可以从全体的层面来处理复杂系统(例如社会),而不需要化整为零,分成比较容易想象和分析的单位(像是两人互动)。目前已经有人开始应用复杂理论处理博弈论找出的某些社会困境。

　　另一个可能，是应用量子理论所固有的不确定性让合作的成功机会大增。比如在活体细胞里，一些分子会自动聚集，结合成合作的单位，只要了解这种自动合作的机制是什么，我们就能更清楚如何在社会中再现这种机制。

　　我写作本书的动机，是因为对社会上的问题感到忧心，并想看看博弈论能提出什么样的因应合作策略。本书就是我这段发现之旅的心得以及所看到的希望，在此与各位分享。希望各位以后也能观察到生活中的博弈论，看报或看电视的时候，会大呼"这就是博弈论！"并实际应用。

　　感谢你与我共度这段旅程。